Slaveiko Gospodinov

Lógica algorítmica

AF671974

Slaveiko Gospodinov

Lógica algorítmica

ScienciaScripts

Imprint

Any brand names and product names mentioned in this book are subject to trademark, brand or patent protection and are trademarks or registered trademarks of their respective holders. The use of brand names, product names, common names, trade names, product descriptions etc. even without a particular marking in this work is in no way to be construed to mean that such names may be regarded as unrestricted in respect of trademark and brand protection legislation and could thus be used by anyone.

Cover image: www.ingimage.com

This book is a translation from the original published under ISBN 978-620-6-84640-6.

Publisher:
Sciencia Scripts
is a trademark of
Dodo Books Indian Ocean Ltd. and OmniScriptum S.R.L publishing group

120 High Road, East Finchley, London, N2 9ED, United Kingdom
Str. Armeneasca 28/1, office 1, Chisinau MD-2012, Republic of Moldova, Europe
Printed at: see last page
ISBN: 978-620-8-27845-8

Copyright © Slaveiko Gospodinov
Copyright © 2024 Dodo Books Indian Ocean Ltd. and OmniScriptum S.R.L publishing group

Conteúdo

Introdução

Todas as teorias têm conceitos de base, que estão relacionados entre si, que se encontram em determinadas relações terminológicas [1] e que formam uma rede semântica coerente. A rede semântica pode ser considerada como um campo de informação discreto [2-12] ou um campo terminológico [13]. Um conceito tem uma denotação e um âmbito [14-17]. Enquanto a denotação é geralmente estável, o conteúdo tende a mudar ou a polissemia. Surgem novas conexões, interpretações e interpretações para um conceito inicialmente emergente. Isto acontece devido à diversidade de processos do mundo que nos rodeia. A base para estudar o mundo que nos rodeia é o campo de informação. Este contém informações generalizadas sobre vários objectos, como uma fotografia. Ao estudar o campo de informação, são reveladas novas regularidades [18]. As novas regularidades alteram o sistema existente de conceitos e as relações entre eles. Podem alterar a definição ou o âmbito de um conceito. O objeto de estudo desta monografia são os conceitos de "lógica" e "algoritmo". Os conceitos de lógica e de algoritmo são interpretados de forma alargada. O termo "algoritmo", assim como o termo "informação" [19-24] tem sofrido alterações significativas na sua interpretação e atribuição a diferentes categorias. No processo de desenvolvimento, os termos estão sujeitos a derivação [25-27] e formação de termos. Um exemplo é o termo "algoritmização" [28-30], que se refere aos vários processos de construção de um algoritmo. Até à data, existem muitas formas e princípios de algoritmização. São aplicadas diferentes formas, consoante a experiência acumulada, as condições da tarefa em causa e a disponibilidade de recursos para a sua solução. Um dos princípios da algoritmização é a construção lógica de um algoritmo [31-34] ou algoritmização lógica. A algoritmização lógica é um procedimento de construção de algoritmos baseado em princípios lógicos. A algoritmização lógica é o primeiro passo não só na construção de algoritmos, mas também na construção de sistemas complexos, na análise de sistemas [35-42] e na análise funcional [43-47]. A construção de algoritmos ocorre frequentemente como um processo de inferência lógica ou de tomada de decisões. A fase moderna de desenvolvimento das ciências caracteriza-se pela presença da interdisciplinaridade e pela complexidade crescente do processamento da informação. Estes factores também se reflectem no desenvolvimento da algoritmização. Atualmente, existem diferentes tipos de algoritmos e métodos para a sua construção. A algoritmização lógica é o princípio básico.

Um dos princípios importantes da construção de algoritmos e da algoritmização lógica é o princípio da correspondência. Numa versão simples, é o princípio da correspondência da informação [48-50]. Existe nos processos de informação [51, 52] e na modelação [53]. No fundo, trata-se de uma correspondência de informação processual. É de notar que o conceito de correspondência é interpretado de forma diferente. Num caso é considerado como uma relação [48-50], noutro caso como um processo. E.K. Voishvilo [54] dá uma definição de correspondência processual: "O princípio da correspondência é a lei do desenvolvimento do conhecimento". Ele considera a correspondência como um processo de desenvolvimento entre o antigo e o novo. Neste caso, pode ser interpretada como uma ligação. Voishvilo [54] aponta a relação das "teorias sucessivas". ". Refere-se aos casos em que, em vez de uma teoria relativa a uma determinada área da realidade, surge uma nova, possivelmente com uma área mais alargada, mas incluindo a área da teoria anterior. Ao mesmo tempo, esta nova teoria permite uma compreensão mais precisa de algumas relações da teoria anterior". Por exemplo, a imagem heliocêntrica do mundo substituiu a imagem geocêntrica. Também a lógica, bem como o algoritmo, alargou significativamente a sua interpretação [55-80].

CAPÍTULO 1

1. particularidades da lógica algorítmica

O termo "lógica algorítmica" é utilizado em sentido restrito e em sentido lato. No sentido restrito [81], a lógica algorítmica (AL1) combina técnicas lógicas que são utilizadas para construir e verificar algoritmos. É também interpretada como lógica de programação. A AL1 é uma ferramenta essencial para qualquer cientista informático.

Num sentido lato [64, 65], a lógica algorítmica (AL2) inclui técnicas algorítmicas para construções lógicas, raciocínios e análises. Por exemplo, a partir destas posições, o sistema de silogismos pertence à lógica algorítmica. Um sistema de quaisquer construções de inferência que tenha um padrão de repetição pode ser referido à lógica algorítmica.

A lógica algorítmica (AL 1) fornece um conjunto de axiomas lógicos e regras de inferência adequadas para analisar as propriedades e capacidades dos algoritmos. Serve como ferramenta para a formalização e verificação de algoritmos. Serve como justificação lógica dos algoritmos. As propriedades dos algoritmos são expressas por fórmulas lógicas. Por conseguinte, a análise dos algoritmos, ou seja, a sua verificação e avaliação da eficiência, pode basear-se na lógica algorítmica. No entanto, as fórmulas lógicas, por si só, não são suficientes para construir um algoritmo. A construção de um algoritmo é completada com a ajuda de construções funcionalistas. O mesmo programa pode ter várias interpretações. Interpretação inequívoca da interpretação devido a regras sintácticas. A sintaxe determina quais são as expressões corretamente (ou logicamente) formadas. Mas não determina o significado de uma expressão. Por conseguinte, a sintaxe complementa as construções e os cálculos funcionalmente lógicos. O processo de computação também pode ser objeto de análise lógica. O conjunto destes elementos determina o raciocínio lógico dos cálculos. Inclui quatro componentes: as construções lógicas, as construções lógico-funcionais, a sintaxe das construções e a correção lógica dos cálculos.

Para as computações que são sequências de estados, a questão mais importante é saber se a computação é finita ou infinita. Esta questão é resolvida por raciocínio lógico e conduz a AL2. As análises qualitativas [82-85] e comparativas [86-89] também se baseiam na AL2.

AL2 é uma base necessária para um investigador no domínio da cognição. Este fundamento serve de base para a aquisição de conhecimentos [90-94] no domínio da informática [95, 96]. Entretanto, os algoritmos e as técnicas lógicas são também utilizados diretamente para a aquisição de conhecimentos [97, 98].

Este fundamento serve de base para a aquisição de conhecimento espacial [99, 100] no domínio da geoinformática [101]. A AL2 serve de base para identificar o conhecimento implícito [102-104] e transformá-lo em conhecimento explícito [105,

106]. O AL2 exige a construção de um sistema de raciocínio para diferentes casos. Antes de tentar construir um sistema de raciocínio sobre propriedades de programas ou objectos, é necessário encontrar uma forma de as exprimir sob a forma de fórmulas. A base de tal expressão é uma linguagem formal. Em informática, é uma linguagem de informação [107]. Num caso particular, é a linguagem das unidades de informação [108-110].

1.1 Argumentação e lógica

A argumentação é uma parte da lógica algorítmica. A teoria da argumentação tem as suas origens no fundamentalismo, na teoria do conhecimento (epistemologia) e no domínio da filosofia. Procurava encontrar os fundamentos das afirmações em formas argumentativas, em materiais (leis factuais) e num sistema universal de conhecimento. O método dialético ficou célebre com Platão. Foi utilizado por Sócrates, questionando criticamente as acções de figuras históricas. Cientistas - rejeitaram gradualmente a filosofia sistemática de Aristóteles e o idealismo de Platão e Kant. Rejeitaram a ideia de que as premissas da argumentação derivam a sua validade de sistemas filosóficos formais.

A teoria da argumentação é um domínio científico interdisciplinar. A teoria da argumentação explora não só os processos de inferência, mas também os processos de persuasão e refutação. Inclui as competências de debate, diálogo, conversação e persuasão. Estuda as regras de inferência, a lógica e as regras processuais em contextos artificiais e reais [111].

A argumentação envolve discussão e negociação relacionadas com procedimentos de tomada de decisão conjunta [112]. Falando a linguagem da informática, a argumentação inclui a recolha de informação, a interação de informação [113] e a influência de informação [114]. A tecnologia da argumentação inclui comunicações: diálogo erístico; debate social, em que derrotar o oponente é o objetivo principal; diálogo didático utilizado para o ensino [115] A argumentação é uma arte e uma ciência. É frequentemente o meio pelo qual as pessoas defendem as suas crenças ou interesses pessoais. Através da argumentação, as pessoas decidem mudar as suas crenças pessoais ou não.

A argumentação é amplamente utilizada no direito, por exemplo, nos processos judiciais, na preparação de argumentos e na verificação da validade das provas. Além disso, a argumentação é utilizada em racionalizações a posteriori, através das quais os actores tentam justificar decisões que tomaram de forma irracional.

A argumentação no processo de comunicação é por vezes interpretada como discurso. É uma das quatro formas retóricas, juntamente com a exposição, a descrição e a narração. O estudo da argumentação, da sua tecnologia e dos seus problemas é de grande importância, antes de mais, para os sistemas de inteligência artificial.

A tomada de decisão nos domínios técnicos e na psicologia. Para uma análise comparativa do raciocínio e da lógica [116], pode ser feita uma comparação entre a tomada de decisões nas ciências técnicas e na psicologia. Nas ciências técnicas, a tomada de decisão é determinista, formalizada e lógica. Pode ser representada por um diagrama sob a forma de um encadeamento lógico ou de um encadeamento processual que corresponde a um encadeamento lógico. Nas ciências técnicas, a tomada de decisão é frequentemente representada sob a forma de um algoritmo. A tomada de decisão é vista como um processo tecnológico independente do sujeito. Nas ciências técnicas, a tomada de decisão é um processo objetivo ou objetivado. Nas ciências técnicas, a tomada de decisão baseia-se na análise e na lógica do sistema.

Em psicologia, a tomada de decisão é vista como um processo cognitivo que envolve o sujeito A e o sujeito ou objeto B. É um processo que leva à seleção de uma crença ou de um curso de ação entre várias alternativas possíveis. A escolha pode ser racional ou irracional. A tomada de decisão é um processo de raciocínio baseado em pressupostos, sobre valores contingentes, sobre as preferências e crenças do decisor. Cada processo de tomada de decisão conduz a escolhas que podem ou não levar a uma ação. Em psicologia, a tomada de decisão baseia-se numa análise qualitativa, comparativa e cognitiva com elementos de análise de sistemas e de análise lógica. Em psicologia, a tomada de decisão é um processo subjetivo.

Factores da Argumentação. Para analisar a essência da argumentação, é necessário considerar as suas posições-chave.

A argumentação é precedida pela compreensão e identificação dos argumentos, explícitos ou implícitos, e dos objectivos dos participantes nos diferentes tipos de diálogo. A argumentação é precedida da identificação e análise das premissas a partir das quais se tiram as conclusões.

A preceder a argumentação está o estabelecimento do "ónus da prova" [117], ou seja, identificar o sujeito e os seus argumentos sobre a afirmação inicial e a sua responsabilidade de apresentar provas, e justificar porque é que essa posição merece ser aceite.

Para o mandante ou o advogado que tem o "ónus da prova", é necessário reunir provas da sua posição para persuadir ou obrigar o adversário a concordar. O método para o conseguir consiste em apresentar argumentos sólidos, sensatos e convincentes, desprovidos de fragilidades e não susceptíveis de crítica.

No debate sobre o "ónus da prova". [117] cria um "ónus de objeção" [117]. É necessário identificar falácias na argumentação do oponente, atacar as suas causas e fornecer contra-exemplos. No âmbito do "ónus da prova", é necessário identificar as falácias do "ónus da objeção". É necessário mostrar por que razão a conclusão correta não pode ser deduzida das razões apresentadas para a sua argumentação a partir do "ónus das objecções".

De preferência, deve ser utilizada a lógica clássica como método de raciocínio, de modo a que a conclusão decorra logicamente das premissas [118]. Um dos problemas do raciocínio lógico é que, se um conjunto de premissas for inconsistente, qualquer coisa se pode seguir logicamente dessa inconsistência. Por conseguinte, é prática comum insistir que o conjunto de hipóteses seja consistente. Também é boa prática insistir que o conjunto de premissas seja o conjunto mínimo, relativamente à inclusão do conjunto, necessário para obter uma consequência. Tais argumentos são chamados argumentos MINCON, abreviatura de minimamente consistentes. Este tipo de raciocínio é utilizado nos domínios do direito e da medicina.

Metodologia de Argumentação. Um argumento tem normalmente uma estrutura interna com três componentes principais.

Um conjunto de suposições ou pressupostos.

Método de raciocínio ou argumentação

Conclusão, conclusão ou ponto de vista.

Um argumento tem uma ou mais premissas e uma conclusão. Numa forma comum, um argumento envolve dois ou mais comunicadores. Um comunicador 1 defende um ponto de vista, outro comunicador2 ou oponente defende uma posição diferente. Ambos os comunicadores tentam persuadir-se mutuamente. São utilizados diferentes tipos de diálogo [119] ou de comunicação informativa.

- O diálogo de persuasão tem por objetivo resolver pontos de vista contraditórios de posições diferentes.
- As negociações têm por objetivo resolver conflitos de interesses através da cooperação e da negociação.
- A sensibilização tem por objetivo eliminar a ignorância geral através do aumento dos conhecimentos.
- A deliberação visa satisfazer a necessidade de ação através da tomada de uma decisão.
- A erística procura resolver uma situação de antagonismo através do combate verbal.

O diálogo ou a comunicação são precedidos de uma procura de informação, que tem por objetivo reduzir a ignorância de uma das partes [120]. Atualmente, o termo "argumentação" está intimamente relacionado com o conceito de "comunicação". Consequentemente, surgiu o conceito de "comunicação argumentativa". A comunicação é uma tecnologia mais alargada do que a lógica.

O raciocínio lógico é orientado numa só direção, do comunicador 1 para o comunicador 2. É rígido e não adaptativo. Na presença de contradições, é falacioso e conduz a erros. A comunicação argumentativa é bidirecional e adaptativa. Inclui os comunicadores no sistema de argumentação e é flexível e adaptativa.

Atualmente, distinguem-se diferentes tipos de argumentação: conversacional, matemática, científica, interpretativa, jurídica, judicial, lógica, política, comunicativa, cognitiva.

A argumentação conversacional tornou-se uma força reconhecida na sociologia, antropologia, linguística, comunicação oral e psicologia [120]. Alguns académicos (por exemplo, Ralph X. Johnson) interpretam o termo "argumento" de forma restrita, como um discurso exclusivamente escrito ou mesmo um discurso em que todas as premissas são explícitas. Outros (por exemplo, Michael Gilbert) interpretam o termo "argumento" de forma ampla, de modo a incluir o discurso oral e mesmo não-verbal, como a medida em que um memorial de guerra ou um cartaz de propaganda pode argumentar ou "fazer um argumento". O filósofo S. Toulmin afirmou que um argumento é uma reivindicação da nossa atenção e da nossa crença, um ponto de vista que parece autorizar a consideração de, digamos, cartazes de propaganda como argumentos. A discussão entre os teóricos da argumentação alargada e da argumentação restrita já se arrasta há muito tempo e é pouco provável que seja resolvida. Os pontos de vista da maioria dos teóricos e analistas da argumentação situam-se algures entre estes dois extremos.

A argumentação matemática está relacionada com a filosofia da matemática e com a procura da verdade matemática. A noção de argumento existe desde há muito na matemática, mas num sentido ligeiramente diferente do da lógica e da argumentação. Se um argumento pode ser representado como proposições de lógica simbólica, então pode ser verificado através da aplicação de procedimentos de prova geralmente aceites. Isto foi feito para a aritmética utilizando os axiomas de Peano. Em matemática, um argumento só é considerado válido se for possível demonstrar que não pode ter premissas verdadeiras e uma conclusão falsa.

A argumentação científica está ligada aos fundamentos sociais do conhecimento científico no livro de Alan G. Gross, The *Rhetoric of Science* (Cambridge: Harvard University Press, 1990) [121]. Gross considera que a ciência é retórica "sem resto", o que significa que o próprio conhecimento científico não pode ser visto como uma base idealizada do conhecimento. O conhecimento científico é produzido retoricamente, o que significa que tem uma autoridade epistemológica especial apenas na medida em que os seus métodos gerais de verificação são credíveis. Este pensamento representa uma rejeição quase completa do fundacionalismo em que a argumentação se baseava originalmente.

A argumentação interpretativa é um processo dialógico em que os participantes exploram e/ou resolvem interpretações, frequentemente de um texto de qualquer meio que contenha uma ambiguidade significativa de significado. A argumentação interpretativa é relevante para as ciências humanas, a hermenêutica, a teoria literária, a linguística, a semântica, a pragmática, a semiótica, a filosofia analítica e a estética. Os tópicos de interpretação concetual incluem a interpretação estética, jurídica, lógica e religiosa. Os tópicos de interpretação científica incluem a modelação científica

Há muito que a psicologia estuda os aspectos não lógicos da argumentação. Por exemplo, a investigação demonstrou que a simples repetição de uma ideia é frequentemente um método de argumentação mais eficaz do que o apelo à razão. A propaganda utiliza frequentemente a repetição. [122] "Repita uma mentira vezes suficientes e ela tornar-se-á verdade" é uma lei da propaganda frequentemente atribuída ao político nazi Joseph Goebbels. A retórica nazi tem sido amplamente estudada como uma campanha de repetição, entre outras coisas. Os estudos empíricos sobre a autoridade e a atração de um comunicador, por vezes designados por carisma, também têm estado intimamente relacionados com a argumentação empírica. Estes estudos inserem a argumentação no quadro da teoria e da prática da persuasão.

Alguns psicólogos, como William J. McGuire, acreditam que o silogismo é a unidade básica do pensamento humano. Produziram uma grande quantidade de trabalho empírico sobre o famoso título de McGuire "A Syllogistic Analysis of Cognitive Relationships". A linha central desta forma de pensar é que a lógica está contaminada por variáveis psicológicas como o "wishful thinking", em que os sujeitos confundem a probabilidade das previsões com a desejabilidade das previsões. As pessoas ouvem o que querem ouvir e vêem o que esperam ver. Se os planeadores querem que algo aconteça, acreditam que deve acontecer. Se esperam que algo não aconteça, acreditam que é pouco provável que aconteça. Assim, os fumadores pensam que evitarão pessoalmente o cancro, a atividade sexual promíscua pratica sexo não seguro

Campo de argumentos. Em consonância com a teoria dos campos de informação [123], a teoria dos campos de argumentos tem sido proposta na teoria da argumentação. Stephen Toulmin e Charles Arthur Willard defenderam a ideia de campos de argumentação, o primeiro com base na noção de jogos de linguagem (Sprachspiel) de Ludwig Wittgenstein, o segundo com base na teoria da comunicação e da argumentação, na sociologia, na ciência política e na epistemologia social. Para Toulmin, o termo "campo" designa os discursos em que se baseiam os argumentos e as afirmações factuais (124). Para Willard, o termo "campo" é permutável com "comunidade", "audiência" ou "leitores". [125] Do mesmo modo, J. Thomas Goodnight estudou os "campos". de argumentos e gerou uma vasta literatura de académicos mais jovens que responderam às suas ideias ou as utilizaram [126]. O sentido geral destas teorias de campo é que as premissas dos argumentos derivam o seu significado das comunidades sociais [127].

Em muitos dos seus escritos, Toulmin salientou que o absolutismo (representado por argumentos teóricos ou analíticos) tem um valor prático limitado. O absolutismo deriva da lógica formal idealizada de Platão, que defende a verdade universal; consequentemente, os absolutistas acreditam que os problemas morais podem ser resolvidos através da adesão a um conjunto padrão de princípios morais, independentemente do contexto.

Pelo contrário, Toulmin argumenta que muitos dos chamados princípios padrão são irrelevantes para as situações reais com que as pessoas se deparam na vida quotidiana.

Para desenvolver a sua afirmação, Toulmin introduziu a noção de campos argumentais. Em "The Use of Argument" (1958) [124], Toulmin defende que alguns aspectos dos argumentos variam de campo para campo e por isso são chamados "dependentes do campo", enquanto outros aspectos de um argumento são os mesmos em todos os campos e por isso são chamados "campo-. -invariante". O vício do absolutismo, argumenta Toulmin, reside na sua incapacidade de compreender o aspeto do argumento que é dependente do campo; o absolutismo assume que todos os aspectos de um argumento são invariantes em relação ao campo.

Em Understanding Man (1972), Toulmin sugere que os antropólogos se inclinavam para o lado dos relativistas porque notavam a influência das variações culturais nos argumentos racionais. Por outras palavras, o antropólogo ou o relativista dá demasiada importância ao aspeto "dependente do campo" dos argumentos e negligencia ou não reconhece os elementos "invariantes do campo". Para encontrar soluções para os problemas do absolutismo e do relativismo, Toulmin tenta, ao longo da sua obra, desenvolver padrões que não sejam nem absolutistas nem relativistas para avaliar o valor das ideias.

Dialética de Pragma. Os investigadores da Universidade de Amesterdão, nos Países Baixos, foram os primeiros a desenvolver uma versão moderna e rigorosa da dialética, denominada pragma-dialética. A ideia intuitiva consiste em formular regras claras, cuja observância conduzirá a uma discussão razoável e a conclusões válidas. Frans X. van Eemeren , o falecido Rob Grootendorst e muitos dos seus alunos e colaboradores produziram um grande número de artigos que explicam esta ideia.

A conceção dialética da racionalidade é dada por dez regras de discussão crítica, todas elas instrumentos de resolução das diferenças de opinião [128]. A teoria postula isto como um modelo ideal, não algo que se espere encontrar como um facto empírico. No entanto, o modelo pode servir como uma importante ferramenta heurística e crítica para testar até que ponto a realidade se aproxima deste ideal e para apontar onde o discurso corre mal, ou seja, quando as regras são quebradas. Qualquer violação deste tipo constituiria uma falácia. Embora a pragma-dialética não se concentre primordialmente nas falácias, oferece uma abordagem sistemática para as resolver de forma consistente.

Van Eemeren e Grothendorst identificaram quatro fases do diálogo argumentativo. Estas fases podem ser vistas como um protocolo de argumentação. Numa

interpretação algo vaga, as fases são as seguintes:
Fase de confronto: Apresentação de uma diferença de opinião, como uma questão de debate ou um desacordo político.
Fase inicial: chegar a acordo sobre os pontos de partida materiais e processuais, sobre uma base comum mutuamente aceitável de factos e crenças e sobre as regras a seguir no debate (por exemplo, a forma como as provas devem ser apresentadas e a definição das condições de encerramento).
Fase de argumentação: apresentação de argumentos a favor e contra o ponto de vista em análise, aplicando os princípios da lógica e do senso comum de acordo com regras acordadas.
Fase final: determinar se um ponto de vista resistiu a uma crítica razoável e se a sua aceitação é justificada. Esta fase ocorre quando as condições de conclusão estão reunidas (entre elas pode estar, por exemplo, um limite de tempo ou a identificação de um árbitro).
Van Eemeren e Grootendorst apresentam uma lista pormenorizada de regras a aplicar em cada etapa do protocolo [128]. Além disso, na descrição que estes autores fazem da argumentação, o protocolo especifica certos papéis de protagonista e antagonista que são determinados pelas condições que criam a necessidade de argumentação.

1.2. Construções lógicas.

As construções lógicas são a especificidade da lógica algorítmica. Como generalização da argumentação lógica, podemos considerar os estudos de Douglas N. Walton. Walton desenvolveu uma espécie de teoria filosófica da argumentação lógica baseada num conjunto de métodos práticos ou construções lógicas que ajudam o utilizador a identificar, analisar e avaliar argumentos no discurso falado quotidiano e em domínios mais estruturados como o debate, o direito e os domínios científicos [129, 130]. O método utiliza a noção de compromisso no diálogo como principal ferramenta para analisar e avaliar a argumentação, em vez da noção de persuasão [132]. Os compromissos são afirmações que um agente expressou ou formulou, se comprometeu a cumprir ou declarou publicamente. De acordo com o modelo de compromisso, os agentes interagem uns com os outros num diálogo em que cada um, por sua vez, contribui com actos de fala. A estrutura do diálogo utiliza perguntas críticas como forma de testar explicações plausíveis e de procurar pontos fracos num argumento que levantem dúvidas sobre a aceitabilidade do argumento.
O modelo de argumentação lógica de Walton tinha uma visão das provas e da justificação diferente da epistemologia dominante da filosofia analítica, que se baseava na estrutura justificada das crenças verdadeiras [133]. Na abordagem da argumentação lógica, o conhecimento é visto como uma forma de compromisso com uma crença, firmemente ancorada por um procedimento de argumentação que

testa as provas de ambos os lados e utiliza padrões de prova para determinar se uma proposição se qualifica como conhecimento. Nesta abordagem baseada em provas, o conhecimento deve ser considerado como refutável.

Na abordagem lógica, as crenças na argumentação são relegadas para segundo plano e a construção lógica da informação vem em primeiro lugar [134]. Na abordagem lógica, os aspectos da argumentação cognitiva são excluídos e a argumentação comunicativa actua como uma entrevista, ou seja, como um fator de clarificação.

A lógica é uma das componentes da argumentação e exprime-se como argumentação lógica. A lógica é a base da argumentação, mas a argumentação é um conceito mais vasto. A argumentação pode utilizar a retórica e a persuasão, que a lógica não descreve. O papel dominante na argumentação é a comunicação. O ensaio seminal de Carl R. Wallace "The Essence of Rhetoric: Good Reasons" no Quarterly Journal of Speech (1963) levou muitos académicos a estudar a "argumentação de mercado"" - os argumentos comuns das pessoas comuns. O ensaio seminal sobre argumentação de mercado é o Quarterly Journal of Speech (1967): "Esta linha de pensamento conduziu a uma aliança natural com os recentes desenvolvimentos da sociologia do conhecimento. Alguns académicos associaram-na a desenvolvimentos recentes na filosofia, tendo Rorty chamado a esta mudança de ênfase uma "viragem linguística".

Nesta nova abordagem híbrida, a argumentação é utilizada com ou sem provas empíricas para tirar conclusões convincentes sobre questões morais, científicas, epistemológicas ou de natureza a que a ciência, por si só, não pode responder. A partir do pragmatismo e de muitos desenvolvimentos intelectuais nas ciências humanas e sociais, surgiram teorias "não filosóficas" da argumentação que colocavam as bases formais e materiais dos argumentos em domínios intelectuais específicos. Estas teorias incluem a lógica informal, a epistemologia social, a etnometodologia, os actos de fala, a sociologia do conhecimento, a sociologia da ciência e a psicologia social. Estas novas teorias não são ilógicas ou anti-lógicas. Encontram coerência lógica na maioria das comunidades discursivas. Assim, estas teorias são frequentemente designadas por teorias "sociológicas", porque se centram nos fundamentos sociais do conhecimento. Em resumo, a lógica faz parte da argumentação, mas não a substitui.

Uma construção lógica pode ser uma ferramenta de construção ou de análise. A construção lógica é uma subespécie de construção de informação [136]

As construções lógicas Russellianas são modelos bastante rígidos. Diferem no facto de incluírem definições explícitas ou definições contextuais, e no grau em que o seu resultado deve ser descrito como demonstrativo ou qualitativo.

Neste ponto, devemos notar a diferença entre construções lógicas e construções. As construções lógicas, resultado de fórmulas lógicas, têm variáveis opostas [137,

138] "verdadeiro", "falso". Dão um resultado não ambíguo. As construções lógicas resultam em variáveis de demonstração, de referência ou dicotómicas [139, 140], mas não de oposição. Dão um resultado multi-ambíguo que requer conteúdo.

Durante muito tempo, as construções lógicas incluíram a técnica especial da definição contextual. Na definição contextual, os termos singulares óbvios (descrições definidas ou termos de classe) são excluídos utilizando as regras de definição de toda a frase em que ocorrem. Construções como as que utilizam definições contextuais são normalmente designadas por "símbolos incompletos", e construções como a teoria das classes são normalmente designadas por "ficções".

Seria um erro considerar as construções lógicas de Russell como o produto da operação retrospetiva de um método que começa com a análise lógica. A análise foi, de facto, o método distintivo da filosofia realista e atomista de Russell, e o método de construção só surgiu mais tarde

As descrições definidas são as construções lógicas que Russell tem em mente quando as descreve como "símbolos incompletos". Outras construções, como os conceitos de relações de área e de gama e de mapeamentos de valores recíprocos, que são cruciais para o desenvolvimento da aritmética, são "incompletas" apenas num sentido indireto, uma vez que são definidas como classes de um certo tipo, que por sua vez são construções

A teoria das descrições de Russell introduz duas formas lógicas de frases: descrições definidas e descrições indefinidas. A introdução das descrições definidas por Russell é um exemplo da distinção filosófica entre uma forma gramatical superficial e uma forma lógica. Marcou o início da análise linguística como método em filosofia

2. Alargar o âmbito do conceito de algoritmo

Em lógica algorítmica, um algoritmo é utilizado num sentido mais lato do que em cálculos. O algoritmo é utilizado em cálculos, em cálculos matemáticos em matemática, na resolução de problemas aplicados. O algoritmo é aplicado: na interpretação da informação, na modelação cognitiva, na modelação virtual, nos sistemas de realidade mista, no funcionamento de redes informáticas e de sistemas distribuídos. Os algoritmos são aplicados em sistemas de inferência lógica, em sistemas inteligentes, em sistemas de raciocínio, em métodos de verificação, em métodos de codificação/descodificação, em sistemas de recuperação de informação, em sistemas de controlo e de tomada de decisões

Algoritmo (em sentido restrito) é uma prescrição que define uma sequência de acções que fornece o resultado pretendido a partir dos dados iniciais. Esta definição tecnológica não corresponde à aplicação moderna de um algoritmo. Em sentido lato, um algoritmo é uma sequência de acções não só no domínio dos cálculos, mas também para descrever as regularidades do domínio da informação e o desenvolvimento da sociedade. Uma nova propriedade importante de um algoritmo é a sua aplicação para descrever regularidades no domínio da informação e em situações de informação. Os algoritmos são considerados como uma ferramenta para obter conhecimento explícito a partir de conhecimento implícito. Assim, um algoritmo pode ser considerado como um meio de cognição, que confirma a educação. Além disso, nos sistemas estocásticos, o algoritmo [141] é aplicado como um meio de sistematização e de construção de padrões. Os algoritmos são aplicados em actividades de grupo. Em particular, no controlo de grupos de robôs. Consideram acções não só em sistemas técnicos, mas também em organismos vivos ou sistemas vivos. O algoritmo é descrito como um meio de descrever a auto-organização e a estabilidade. Os algoritmos são utilizados em medicina (algoritmo de diagnóstico) [142]. Este descreve um algoritmo como um meio de descrever a interação da informação e a tomada de decisões.

Os algoritmos na educação são utilizados: na conceção de actividades educativas, no ensino e na transferência de conhecimentos, e em testes. O algoritmo é descrito como um meio sistematizado de transferência de conhecimentos. Os algoritmos são utilizados para testar os sujeitos e para avaliar a dificuldade das tarefas. Este facto permite considerar um algoritmo como um meio de identificar variáveis latentes e conhecimentos latentes. O conceito de algoritmo é utilizado na avaliação financeira de actividades de investimento [143]. Este facto permite considerar o algoritmo como uma técnica esquemática de avaliação qualitativa e quantitativa. No domínio da computação, um algoritmo é utilizado em duas qualidades: processualmente para encontrar soluções e descritivamente para descrever a descoberta de uma solução. Um algoritmo computacional, enquanto ferramenta para encontrar uma solução, está frequentemente associado a métodos numéricos. Este facto leva a considerar o algoritmo como um método numérico para obter soluções, em condições em que é impossível obter uma solução por métodos analíticos. Um algoritmo computacional, enquanto método que descreve a obtenção de uma solução, está relacionado com os métodos analíticos. Este facto leva-nos a considerar o algoritmo como um método analítico de obtenção de soluções. Existe um conceito de algoritmo estatístico [144, 145]. Trata-se de uma direção de cálculo nos métodos numéricos, quando, na impossibilidade de obter uma descrição analítica, se utilizam dados estatísticos e se analisa o fenómeno ou objeto com base neles. Os algoritmos estatísticos e os algoritmos numéricos devem ser considerados como uma ferramenta para o tratamento de informações não estruturadas e complexas. O desenvolvimento dos algoritmos estatísticos é o dos algoritmos lógico-estatísticos [146]. A análise mostra que este termo designa métodos que incluem a análise qualitativa, que é modelada por uma certa lógica. Este facto permite considerar o algoritmo como um método de análise qualitativa, em condições em que apenas os métodos numéricos permitem obter uma solução impossível.

Um algoritmo pode ser considerado como um sistema tecnológico e como um sistema complexo se tiver as caraterísticas de integridade e completude. Neste caso, os métodos de análise de sistemas podem ser aplicados ao algoritmo, e o próprio algoritmo pode ser considerado como um sistema tecnológico complexo. Em resumo, podemos afirmar que um algoritmo pode ser considerado como um conversor de informação qualitativa e quantitativa.

Um algoritmo pode ser considerado como um modelo de informação. Um algoritmo é um modelo de informação duplo. Enquanto descrição, é um modelo descritivo, enquanto objeto processual é um modelo prescritivo ou um modelo processual. Um algoritmo, na perspetiva da assimetria de informação, é um mecanismo que elimina a assimetria de informação e a incerteza de informação. No entanto, esta qualidade dos algoritmos tem sido pouco aplicada até à data. No âmbito da abordagem da informação, é possível substituir a noção de condição de resolução do problema pelo termo situação de informação. As condições de resolução do problema e as condições de aplicação do algoritmo são um parâmetro fixo no início da solução. A situação de informação é um conceito dinâmico, pois descreve as condições iniciais e posteriores da aplicação do algoritmo. A abordagem sistémica para analisar os algoritmos como um sistema complexo também é pouco utilizada.

O algoritmo é amplamente utilizado nas ciências da computação e na matemática para resolver uma variedade de problemas aplicados [147-150]. Inicialmente, um algoritmo era tratado como uma construção de informação para efetuar cálculos. Um algoritmo (no sentido restrito) é uma prescrição que define uma sequência de acções que fornece o resultado pretendido a partir dos dados iniciais [151]. Trata-se de uma definição tecnológica. Vamos dar dois exemplos incorrectos.

Wikipédia [152]. Um algoritmo é interpretado como um conjunto de regras definidas com precisão para resolver uma determinada classe de problemas ou um conjunto de instruções que descrevem a ordem das acções para resolver um determinado problema. O termo instrução exige uma ligação rígida de um algoritmo a um modelo prescritivo. As instruções independentes podem ser executadas em qualquer ordem, em paralelo, se tal for possível e aumentar o desempenho computacional.

Portal Humanitário [153]. Algoritmo é uma receita definida com precisão para efetuar, numa determinada ordem, uma sequência de operações que conduzem inequivocamente à solução de um determinado problema.

Obviamente, as definições acima referem-se apenas a algoritmos determinísticos e não descrevem toda uma gama de algoritmos, incluindo algoritmos situacionais, de subsidiariedade organizacional e multiagentes.

Qualitativamente, podemos distinguir algoritmos computacionais, de controlo e interpretativos.

Os algoritmos computacionais baseiam-se em construções lógicas e convertem dados de entrada em dados de saída utilizando funções computacionais.

Os algoritmos de controlo têm como base construções semânticas (heurísticas) e lógicas e transformam as condições de decisão de entrada num conjunto de alternativas com base em funções analíticas e computacionais.

Os algoritmos interpretativos têm como base as regularidades reveladas do mundo circundante ou do campo de informação e transformam as regularidades objectivas em conjuntos de construções algorítmicas ou paradigmas.

A semântica dos algoritmos de controlo pode diferir significativamente da lógica dos algoritmos computacionais. Inclui a emissão das acções de controlo necessárias em determinados momentos do tempo ou como reação a acontecimentos externos. Um algoritmo de controlo pode permanecer correto com uma execução infinita numa situação externa inalterada. Na perspetiva do controlo, o algoritmo concretiza o axioma da escolha. O axioma da escolha é um princípio da teoria dos conjuntos, segundo o qual, para qualquer família de conjuntos não vazios, existe uma função de escolha que coloca um elemento de cada conjunto em correspondência com o seu elemento

Para além da computação, os algoritmos são utilizados noutros domínios: na interpretação da informação [154-156], na modelização cognitiva [157], na modelização virtual [158, 159], no funcionamento de sistemas distribuídos [160], nos métodos de inferência lógica, na teoria dos jogos, nos métodos de raciocínio, nos métodos de verificação [161], nos métodos de codificação/descodificação, nos métodos de recuperação da informação [162, 163], na descrição do funcionamento

dos sistemas de informação e nos métodos de controlo e de tomada de decisões.
Em sentido lato, um algoritmo passou a ser designado por uma sequência de acções não só no domínio da computação, mas também para descrever as regularidades do domínio da informação e o desenvolvimento da sociedade [164]. Esta abordagem descreve um algoritmo como um meio que revela a regularidade dos sistemas de massa. Os algoritmos são vistos como um meio de aquisição de conhecimento [165]. Isto descreve o algoritmo como um meio de cognição. Os algoritmos como processos sistematizados são considerados na jurisprudência [166]. Isto descreve o algoritmo como um meio de sistematização e de estabelecimento de padrões. Os algoritmos são utilizados no estudo da atividade de grupo e da governação empresarial [167-170]. O algoritmo é descrito como um meio de sistematização das actividades de grupo. Considera as actividades não apenas em sistemas técnicos, mas também em organismos vivos ou sistemas vivos [171-174]. Isto descreve o algoritmo como um meio de descrever a auto-organização e a sustentabilidade. Os algoritmos são utilizados na medicina (algoritmo de diagnóstico) [142, 175]. Isto descreve um algoritmo como um meio de descrever a interação da informação e a tomada de decisões.

Os algoritmos são utilizados na educação [176-180]. São utilizados em diferentes qualidades. O algoritmo é utilizado para a organização e conceção da atividade educativa, para o ensino e a transferência de conhecimentos por um professor. O algoritmo é utilizado na aquisição de conhecimentos por um aluno e na realização de testes [181-185]. Os algoritmos são aplicados no estudo de padrões de ligação entre os resultados da educação e da formação pré-profissional. Em termos colectivos, um algoritmo é descrito como um meio sistematizado de transferência de conhecimentos. Quase todos os tipos de testes utilizam uma variedade de conjuntos de algoritmos. Isto descreve o algoritmo como um meio abrangente de avaliar o estado do objeto de análise. No domínio da educação, é muito utilizado um algoritmo baseado na teoria da resposta ao item [186, 187] ou no conhecido modelo de Rasch [188]. A Teoria da Resposta ao Item (TRI) [187, 189, 190] é utilizada principalmente em medições pedagógicas [191], bem como na modelação estrutural [192]. Esta abordagem é utilizada não só para testar os sujeitos, mas também para avaliar a dificuldade das tarefas. Este facto permite considerar o algoritmo como um meio de identificar variáveis latentes e conhecimentos latentes.
O conceito de algoritmo é utilizado na avaliação financeira de actividades de investimento [193]. Este facto permite considerar o algoritmo como uma técnica esquemática de avaliação qualitativa e quantitativa. No domínio da computação, um algoritmo é utilizado em duas qualidades: processualmente para encontrar soluções e descritivamente para descrever a descoberta de uma solução. Um algoritmo computacional, enquanto ferramenta para encontrar uma solução, está frequentemente associado a métodos numéricos. Este facto permite considerar o

algoritmo como um método numérico de obtenção de soluções, em condições em que é impossível obter uma solução por métodos analíticos. O algoritmo computacional como método de descrição de uma solução [194] está relacionado com os métodos analíticos. Este facto permite considerar o algoritmo como um método analítico de obtenção de soluções. Existe um conceito de algoritmo estatístico. Trata-se de uma direção de cálculo nos métodos numéricos, quando, na impossibilidade de obter uma descrição analítica, se utilizam dados estatísticos e se analisa o fenómeno ou objeto com base neles. Os algoritmos estatísticos e os algoritmos numéricos devem ser considerados como uma ferramenta para o processamento de informações não estruturadas e complexas.

O desenvolvimento de algoritmos estatísticos é um algoritmo lógico-estatístico [144]. A análise mostra que este termo designa métodos que incluem a análise qualitativa [146], que é modelada por uma certa lógica. Este facto leva a considerar o método algorítmico de análise qualitativa [195], em condições em que é impossível obter uma solução apenas por métodos numéricos.

Um algoritmo pode ser considerado como um sistema se tiver as caraterísticas de integridade e completude. Neste caso, os métodos de análise de sistemas podem ser aplicados ao algoritmo, e o próprio algoritmo pode ser considerado como um sistema tecnológico complexo [196]. Em resumo, podemos afirmar que um algoritmo pode ser considerado como um conversor de informação qualitativa e quantitativa.

Um algoritmo é um objeto multidimensional. Ao mesmo tempo, tem sido muito pouco comparado e tratado como um modelo de informação. Um algoritmo é um modelo de informação duplo. Como descrição, é um modelo descritivo [197], como objeto processual, é um modelo prescritivo [198]. Um algoritmo, na perspetiva da interação da informação, é um mecanismo que elimina a assimetria da informação [199-202] e a incerteza da informação [203-205]. No entanto, a partir destas posições, os algoritmos têm sido pouco considerados até à data. No quadro da abordagem moderna da informação, é razoável substituir os conceitos de condições de resolução de problemas e de condições de aplicação de algoritmos pelo termo situação de informação. As condições de resolução de um problema e as condições de aplicação de um algoritmo são um parâmetro único, no momento em que a solução começa. A situação de informação é um conceito dinâmico. Descreve as condições iniciais e tem a possibilidade de transformação ou adaptação às condições variáveis e pode descrever a situação desde o início até à conclusão da solução. A abordagem sistémica é pouco utilizada para analisar os algoritmos como um sistema complexo.

De acordo com a trajetória computacional, os algoritmos dividem-se em algoritmos diretos (trajetória única) ou algoritmos do primeiro tipo [206-208] e algoritmos do segundo tipo [209, 210] (multi-trajetória). Os algoritmos do primeiro tipo são de transporte de grafos, têm uma trajetória de computação definida (com muitas trajectórias possíveis) e são implementados numa máquina de Turing determinística. Os algoritmos do segundo tipo contêm incerteza. Contêm um conjunto de trajectórias de computação e são implementados numa máquina de Turing determinística.

2.1. Propriedades do sistema do algoritmo

Um algoritmo pode ser um sistema aberto ou fechado. Um algoritmo de passagem é um sistema fechado. Um algoritmo iterativo é um sistema aberto. Pode ter propriedades de sistema. Os algoritmos simples podem ser considerados como sistemas complexos e pode ser aplicada uma abordagem sistémica à sua análise. Enquanto sistema, um algoritmo é um sistema fechado. Como sistema, um algoritmo tem propriedades sistémicas. Este facto permite distinguir as caraterísticas sistémicas e funcionais dos algoritmos. Isto permite introduzir o conceito de "sistema algorítmico" e de "sistema lógico-algorítmico" (LAS). As seguintes propriedades sistémicas são aplicadas nos algoritmos modernos.

O princípio da conexidade. Consiste no facto de os processos de um algoritmo poderem ser descritos como um sistema com um conjunto de elementos e de ligações entre eles.

Princípio da funcionalidade. Consiste no facto de o algoritmo resolver não apenas problemas lógicos, mas efetuar o processamento funcional da informação de acordo com um conjunto de funções.

O princípio da integridade. Consiste no facto de o algoritmo ser um sistema integral e de a exclusão de pelo menos um elemento do algoritmo violar a integridade e não dar o resultado necessário.

Princípio da estruturação. Significa a presença da estrutura do algoritmo como uma propriedade obrigatória. As caraterísticas funcionais dos algoritmos estão relacionadas com o seu desempenho, adaptabilidade, versatilidade ou especialização. Por semelhança funcional, um algoritmo pode ser comparado a um sistema de rede ou a uma rede.

O sistema algorítmico mais simples *S* pode ser representado como um mecanismo de transformação de *um* conjunto de entrada *X* num conjunto de saída *Y*.

$S: X \rightarrow Y$ (2.1).

Por analogia, o algoritmo *AL* pode ser representado como um mecanismo *de* conversão de dados de entrada *X* em dados de saída *Y*.

$AL: X \rightarrow Y$ (2.2).

2.2. Extração de conhecimentos

Do ponto de vista da extração de conhecimentos, um algoritmo é um meio de extração de conhecimentos. Outro termo relativamente novo utilizado na teoria dos algoritmos como transformadores de informação é o termo "externalização". Trata-se da transformação do conhecimento implícito informalizado em conhecimento explícito formalizado. Este termo foi introduzido pelo cientista japonês Noyaka, no seu famoso artigo [211]. O conhecimento implícito requer a sua identificação e a transformação do conhecimento implícito [212-214] em conhecimento explícito. As ideias de transformação do conhecimento são desenvolvidas em [214]. Este termo está correlacionado, como termo particular, com a noção de extração de conhecimentos.

Do ponto de vista da externalização do conhecimento, um algoritmo é um meio de transformação do conhecimento. Um algoritmo é um mecanismo de transformação de uma forma de conhecimento (condição do problema) noutra forma de conhecimento (solução do problema). No seu trabalho, Noyaka descreve um algoritmo em quatro etapas que resolve quatro transformações qualitativamente diferentes.

Na informática corrente, o algoritmo resolve um problema qualitativo. Transforma as condições iniciais numa solução. Regra geral, trata-se de um algoritmo de primeiro tipo (solução direta) ou de um algoritmo de segundo tipo (solução passo a passo).

No esquema de quatro etapas [211], Nonaka descreve conjuntamente algoritmos do primeiro e do segundo tipo, embora não utilize esses termos. Um algoritmo pode ser referido à classe dos sistemas complexos determinísticos fechados. Um algoritmo pode ser considerado como um sistema funcional porque desempenha sempre uma determinada função. A descrição funcional de sistemas complexos foi investigada por Mesarovic [38]. Portanto, podemos usar o formalismo proposto por ele para descrever algoritmos.

Os algoritmos têm relações estáveis e referem-se a sistemas com uma estrutura constante. A descrição de um algoritmo pode ser considerada como um conhecimento explícito, que é percebido por diferentes pessoas e pode ser transferido de uma pessoa para outra. Um conjunto de algoritmos que resolvem problemas relacionados permite efetuar uma generalização científica que vai além de uma única solução técnica para o problema, tal como um único jogo de xadrez permite generalizar a teoria do jogo de xadrez. Este facto permite associar os algoritmos à aquisição de conhecimentos.

É sabido que as pessoas são potencialmente capazes de percecionar aproximadamente a mesma quantidade de informação. No entanto, as conclusões que os sujeitos tiram das mesmas porções de informação são diferentes. Este facto gera contradições e a necessidade de encontrar compromissos. Ao contrário dos sujeitos, os algoritmos, com base em partes idênticas de informação, obtêm resultados idênticos. Deste ponto de vista, os algoritmos podem ser considerados como um mecanismo capaz de encontrar compromissos e resolver contradições.

2.3. Metodologia trinitária

É incorreto reduzir um algoritmo a uma relação implicativa. O aspeto sistemático de um algoritmo permite considerá-lo como um sistema de inferência ou como uma ferramenta de extração de conhecimentos [89, 90]. Um algoritmo pode ser considerado como uma base para o raciocínio qualitativo se se basear em caraterísticas qualitativas. A inferência e a tomada de decisão mais simples baseiam-se na regra "Se A, então B". Isto significa que se existe uma situação informativa [215-221] na qual. se "A" é uma condição de ação, então a ação "B" deve ser tomada, o que dá o resultado "C". Uma solução deste tipo é designada por solução simples e é descrita por um esquema trinitário ou dupla implicação.

$A \rightarrow B \rightarrow C$. (2.3)

Estas cadeias de decisão ocorrem em situações simples, como no controlo diretivo [221-225], em que a ocorrência da situação "A" é estipulada por um regulamento ou normativo. Nesse regulamento, a ação "B" para a situação "A" é prescrita para produzir o resultado "C". Na prática, é necessário verificar o resultado. Isto conduz ao modelo trinitário [226, 227] "objetivo - método - resultado". Neste aspeto, o algoritmo pode ser considerado como um modelo de informação prescritivo. Ao mesmo tempo, é de notar que a ligação elementar do algoritmo tem elementos da tríade ou do modelo trinitário [228-230].

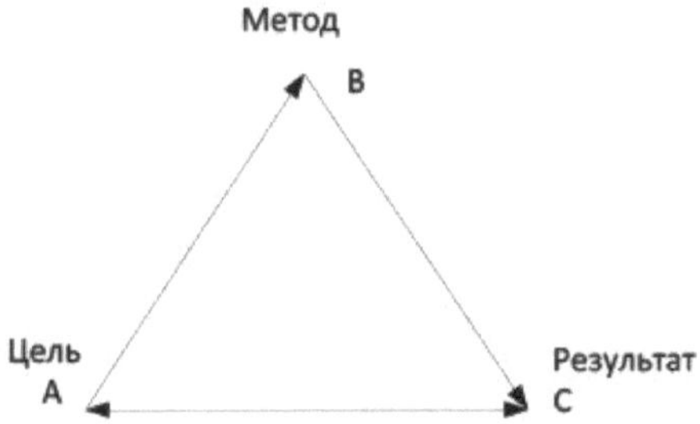

Método
Objetivo / Resultado

Fig.2.1. Modelo trinitário do algoritmo direto.

O esquema da Fig. 2.1 mostra que o cálculo não é o fim do algoritmo. Uma etapa importante e obrigatória é a verificação da solução - o segmento AC ou a relação entre os vértices AC. Sob o ponto de vista da lógica da cognição, é possível notar mais uma propriedade do algoritmo. Um algoritmo transforma um tipo de conhecimento noutro e cria efetivamente um conhecimento explícito (resultado) com base num conhecimento implícito (condições ou situação). Este facto permite considerar o algoritmo como uma ferramenta de exteriorização [231, 232] do conhecimento.

2.4. Sequências.

Entre os muitos algoritmos, há aqueles que podem ser vistos como sequências lógicas [233-237]. Tais sequências são chamadas sequências e os algoritmos são chamados sequenciais [238, 239]. Muitos algoritmos iterativos sequenciais podem ser paralelizados diretamente através da identificação de dependências entre objectos de entrada. Esta abordagem dá origem a muitos algoritmos paralelos simples e práticos, mas continua a haver problemas na obtenção de eficiência de desempenho e de elevado paralelismo.

Um algoritmo, enquanto progressão lógica, é utilizado mais frequentemente em informática. Um diagrama de blocos de um algoritmo é um exemplo de uma construção lógica. Um algoritmo deste tipo resolve várias tarefas. A primeira tarefa: justificar a lógica da investigação ou da computação. A segunda tarefa: aquisição de conhecimentos. Terceira tarefa: transformação do conhecimento implícito em conhecimento explícito. Quarta tarefa: estabelecer a regularidade do campo de informação ou o padrão de desenvolvimento. A quinta tarefa é uma pesquisa sequencial de variantes para selecionar a melhor de entre muitas. É muito utilizada em matemática discreta. A sexta tarefa de um algoritmo como sequência lógica é a justificação da investigação científica, fixando-a sob a forma de um esquema estável, disponível para repetição e verificação. A sétima tarefa é a transformação da informação em recursos de informação [240]. A oitava tarefa é a transformação de dados de entrada no resultado de cálculos. A nona tarefa é o reconhecimento de padrões com base num conjunto de padrões [241]. A décima tarefa consiste em dividir um conjunto de parâmetros em duas classes utilizando um hiperplano de separação [242] e muitas outras tarefas [243-246].

Um algoritmo, enquanto sequência ou sequências lógicas, resolve tarefas processuais passo a passo, passo a passo. As tarefas processuais ou prescritivas consistem no facto de que, com base num conjunto de factos, ou situação de informação inicial, se realiza o processo de cálculo numa situação de informação computacional e se obtém um resultado que descreve a situação de informação final. Os esquemas de algoritmos são construídos com base numa sucessão lógica (Fig. 2.2).

A base para a construção de um algoritmo como sequência lógica é uma tarefa que, em relação a uma situação de informação (situação), adquire factos e condições específicas.

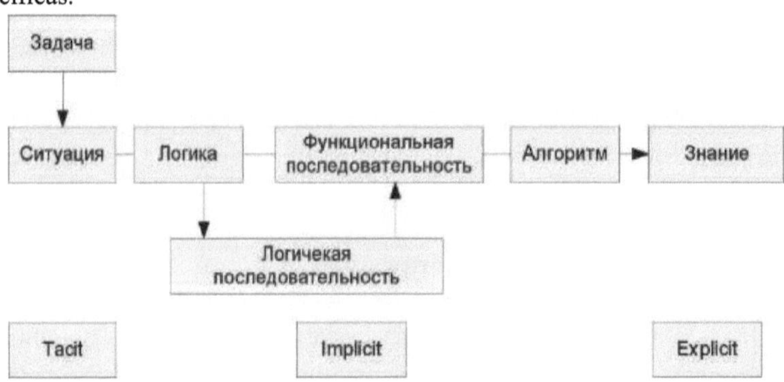

Fig.2.2 Esquema de sucessão lógica na construção de um algoritmo.

Com base nas condições da tarefa e na lógica (lógicas) aplicada, é construída uma sequência lógica, que é a base de um algoritmo. A sequência lógica serve de base para a construção de uma sequência funcional, que serve de base para cálculos ou outras análises. O algoritmo, enquanto sequência lógica, inclui dois componentes: lógico e funcional. Esta é a sua particularidade e diferença em relação às sequências "puramente" lógicas.

Essencialmente, um invólucro funcional é colocado na base lógica de um algoritmo. Uma distinção importante de um algoritmo como sequência lógica são as operações de conhecimento. Na fase inicial de construção de uma sequência lógica, existe um conhecimento implícito (tácito), que não é formalizável nem transferível. Depois, na fase de formalização, o conhecimento tácito é transformado noutra forma de conhecimento tácito (implícito). Como resultado do funcionamento do algoritmo, é extraído o conhecimento explícito.

Os enunciados factuais ocupam uma posição intermédia entre os enunciados identicamente verdadeiros (tautologias), por um lado, e os enunciados sempre identicamente falsos, por outro. Para os algoritmos, estes enunciados podem ocorrer. As suas conclusões podem ser verdadeiras ou falsas, dependendo dos factos em que se baseiam as suas premissas. Enquanto a verdade das tautologias ou a falsidade das contradições pode ser estabelecida por uma análise puramente lógica destas afirmações, o valor de verdade das afirmações factuais requer um apelo aos factos. Para estabelecer a verdade ou a falsidade dos enunciados factuais, é necessário investigar as conexões funcionais e as relações de informação que servem de premissas às conclusões factuais. Nesta base, os enunciados factuais são também frequentemente designados por enunciados *empíricos*, por oposição aos enunciados analíticos da lógica e da matemática.

A definição original de algoritmo não pode ser considerada rigorosa, devido à sua versatilidade de aplicação e interpretação. Hoje em dia, devido à grande utilização de algoritmos, é conveniente designá-los pelo termo construção de informação, que reflecte a variedade de formas e tipos de algoritmos. Algoritmo como seguimento lógico é conveniente para descrever regularidades.

Uma distinção importante de um algoritmo como sequência lógica são as operações de conhecimento. Na fase inicial de construção de uma sequência lógica, existe um conhecimento tácito (tácito), que não é formalizável ou transferível. Depois, na fase de formalização, o conhecimento implícito é transformado noutra forma de conhecimento implícito (implícito). Como resultado do funcionamento do algoritmo, é extraído o conhecimento explícito.

3. Algoritmos de passagem e iterativos

Qualquer cadeia lógica de inferência verificada pode ser um algoritmo computacional. Essa cadeia pode ser a base para a tomada de decisões. Uma tal cadeia pode ser a base de uma análise. Em todos os casos, podemos aplicar a noção de algoritmo: um algoritmo computacional, um algoritmo de decisão, um algoritmo de análise. Nestes casos, a estrutura do algoritmo enquanto sequência é importante.

Os algoritmos dividem-se em diferentes categorias. Uma divisão está relacionada com a sequência de resolução de problemas. Os algoritmos que permitem resolver um problema sequencialmente, sem interrupções e sem participação humana, são designados algoritmos diretos ou algoritmos de ponta a ponta [208]. As tarefas que permitem obter uma solução contínua de ponta a ponta são designadas tarefas do primeiro tipo. Por conseguinte, os algoritmos para resolver estes problemas são designados por algoritmos do primeiro tipo [247].

Os algoritmos de estrutura linear, ramificada e cíclica distinguem-se pela natureza das ligações entre as fases de cálculo. Um algoritmo linear é um algoritmo em que as operações são efectuadas sequencialmente. Um algoritmo de ramificação é um algoritmo em que o caminho do cálculo depende de determinadas condições ou situações de cálculo. Um algoritmo cíclico é um algoritmo em que as mesmas operações são efectuadas repetidamente de acordo com uma determinada condição.

Um algoritmo tem uma estrutura - esta é a sua propriedade obrigatória. A estrutura de um algoritmo reflecte normalmente a relação lógica entre os dados de entrada e de saída e é descrita por modelos topológicos. O modelo topológico de um algoritmo do primeiro tipo é um grafo de transporte. Tem uma entrada e, normalmente, uma saída. Existem algoritmos especiais que podem ter um número finito de resultados correspondentes a variantes da solução do problema. Cada saída significa normalmente a obtenção de um resultado qualitativamente diferente.

A estrutura de um algoritmo complexo tem semelhanças com os sistemas de rede, o que justifica a utilização da teoria das redes para analisar os algoritmos. Por exemplo, o encaminhamento numa rede é utilizado para encontrar a solução óptima num algoritmo complexo. Um percurso num algoritmo complexo é uma solução. Estruturalmente, um algoritmo complexo pode ser visto como uma rede. A diferença qualitativa entre um algoritmo e uma rede é que uma rede é um sistema relativamente homogéneo no qual funcionam os mesmos tipos de fluxos de informação, correspondentes a um único protocolo de rede.

Num algoritmo como um sistema de rede, a qualidade do fluxo de informação muda em cada passo do processamento. Outra diferença é a qualidade dos vértices da rede e do algoritmo. Numa rede todos os vértices têm uma qualidade, num algoritmo os vértices intermédios têm duas qualidades: estado e condição.

Um algoritmo tem um objetivo funcional e cumpre determinadas funções. Este facto permite compará-lo a um sistema funcional. Os algoritmos diretos correspondem às caraterísticas de um sistema fechado complexo e podem ser descritos pelo formalismo da teoria geral dos sistemas. A peculiaridade dos algoritmos diretos é que não funcionam de forma independente, mas requerem um ambiente de computação. Este facto obriga à adaptação dos algoritmos ao ambiente informático.

A particularidade dos algoritmos enquanto sistemas é o facto de exigirem testes e verificações antes de poderem ser aplicados. Enquanto sistema, um algoritmo pertence à classe dos sistemas tecnológicos. Um sistema tecnológico está sempre ligado ou inserido num sistema técnico ou organizacional. Por conseguinte, a eficácia de um algoritmo depende das propriedades do sistema técnico em que opera.

Os problemas do segundo tipo são aqueles para os quais a solução não pode ser obtida numa única passagem ou num único ciclo. Este tipo de problemas e de algoritmos é também utilizado nos sistemas de computação. Os problemas do segundo tipo são também aqueles para os quais é necessário aplicar uma máquina de Turing não determinística. Nos problemas do segundo tipo, a solução é obtida sequencialmente, resolvendo parcialmente o problema numa fase e selecionando heuristicamente a parte seguinte da solução. Entre as fases de solução, a inteligência natural está envolvida.

Um exemplo de tarefas e algoritmos do segundo tipo é um jogo de xadrez. No estado inicial de um jogo de xadrez, a situação da informação é tal que é impossível dizer qual dos adversários vai ganhar e como vai terminar o jogo. É impossível dizê-lo a um observador exterior e a cada um dos jogadores. Inicialmente, cada jogador tem as mesmas hipóteses. Mas, no decorrer do jogo, cada jogador toma uma decisão, não como um autómato, mas tendo em conta informações sobre o estilo de jogo do adversário, sobre o seu estado psicofísico, etc. Estes conhecimentos implícitos e intuitivos são transformados pelo jogador em acções reais. É por isso que, nestas situações, a lógica intuicionista é utilizada como um dos métodos. Quando os jogadores começam a fazer as primeiras jogadas, a incerteza da informação diminui. A situação torna-se mais clara para cada um dos jogadores e para um observador externo. No entanto, o fator tempo começa a funcionar. A solução deve ser obtida dentro do tempo permitido pelas regras.

Cada jogada de um jogo de xadrez pode ser considerada como uma fase da resolução de um problema do segundo tipo. Quanto mais jogadas, mais próximo está o fim do jogo, ou seja, a solução desse problema. O valor do resultado de um jogo de xadrez é particular para cada um dos jogadores e geral para a experiência do jogo e a acumulação de conhecimentos sobre os métodos de jogo. Do mesmo modo, a solução dos problemas do segundo tipo tem um valor geral.

As soluções de problemas evolutivos complexos do segundo tipo permitem-nos

acumular experiência na resolução de problemas e na cognição do mundo. É neste aspeto que o algoritmo é considerado na monografia "Developmental Algorithms" do académico N. Moiseev. N. Moiseev utiliza o termo "algoritmo" num sentido alargado, não como um mecanismo computacional, mas como um meio de resolução de problemas complexos e de cognição do mundo.
A descrição topológica de um algoritmo é uma tupla < *VF, A, VT*>, onde *VF* é o conjunto de vértices de condição , *VA* é o conjunto de vértices de resultado, *A* é o conjunto de arcos funcionais. O primeiro vértice do algoritmo é sempre uma condição. O último vértice do algoritmo é sempre um resultado. Os vértices intermédios podem ser considerados por dois factores: resultado e condições. Para o passo seguinte, um vértice é uma condição. Para o passo anterior, um vértice é um resultado.
Em termos de estrutura topológica, um algoritmo pode ser comparado a um sistema de rede ou a uma rede.
Os algoritmos diretos dividem-se em simples e complexos, cíclicos e acíclicos, de percurso único e de percurso múltiplo. Um algoritmo simples, acíclico e de percurso único tem a forma de uma cadeia linear (Fig. 3.1).

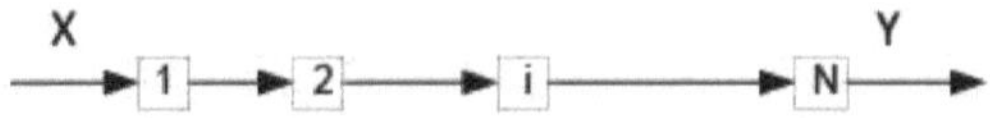

Figura 3.1. Algoritmo simples de extremo a extremo ou direto
Um algoritmo simples de extremo a extremo tem apenas um caminho de computação. A complexidade estrutural de um algoritmo deste tipo depende do número de nós (estados) e da complexidade das transições (operações computacionais) entre nós. A particularidade de um algoritmo computacional é a acumulação de erros. Se forem possíveis erros nas fases de cálculo, quanto maior for o número de fases, maior será o erro final Δ

$$\Delta = \Sigma \delta i,\ i=1...N\ (4)$$

N é o número de fases do algoritmo, Si é o erro de cálculo da *i-ésima* fase
O tempo de cálculo Tv também depende do número de passos. Fórmula aproximada

$$T_B = \Sigma ti,\ i=1...N\ (5)$$

N é o número de fases do algoritmo, *ti* é o tempo de processamento na *i-ésima* fase.
A desvantagem do algoritmo no esquema da Fig. 3.1 é a impossibilidade de obter uma elevada exatidão dos cálculos quando se utilizam cálculos aproximados.
Para melhorar a precisão dos cálculos iterativos, são utilizados algoritmos cíclicos e algoritmos com correção. O esquema de um algoritmo cíclico simples é apresentado na Fig. 3.2.

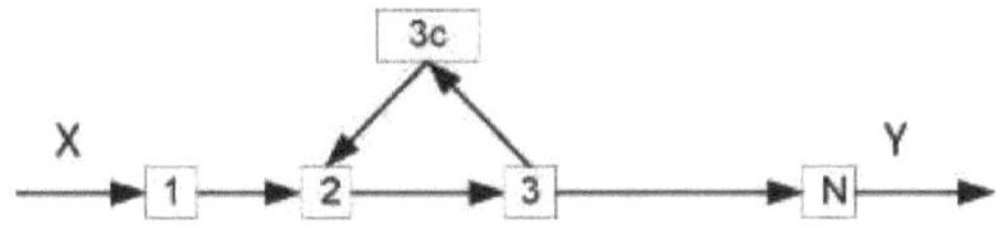

Fig.3.2 Algoritmo cíclico direto.

Este algoritmo chama-se algoritmo com um ciclo, o que decorre da teoria da topologia. Os vértices 2, 3, 3c formam um sistema trinitário fechado. Deve notar-se que o ciclo no modelo mais simples é um sistema trinitário. A correção, a verificação e a reformulação são possíveis neste ciclo. Por conseguinte, esquemas deste tipo são utilizados na conceção e designam-se por conceção com correção. A desvantagem do algoritmo no esquema da Fig. 3 é a possível instabilidade dos cálculos.
Na resolução de problemas multivariados complexos, são utilizados algoritmos complexos com controlo de rede e ligações complexas. Um exemplo de esquema desta classe de algoritmos é apresentado na Fig. 3.3.

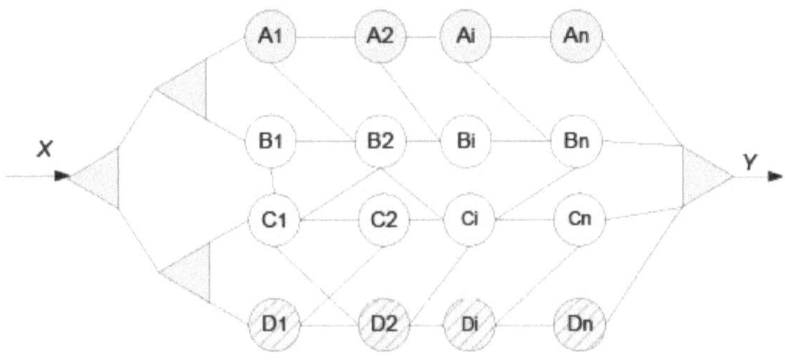

Figura 3.3. Algoritmo direto complexo

O esquema do algoritmo da Fig. 3.3 representa um gráfico de transporte típico. A desvantagem do algoritmo no esquema da Fig. 3.3 é a possível instabilidade da otimização computacional. Pode haver um grupo de soluções alternativas. Trata-se de soluções que atravessam diferentes nós do grafo, mas que conduzem ao mesmo resultado. No entanto, todas elas têm tempos de cálculo diferentes (5) e erros totais diferentes (4).
A consideração do algoritmo como um componente tecnológico no processamento de informação reflecte-se no famoso trabalho de T. Kormen, publicado em 1990 e repetidamente reimpresso. Este trabalho estabelece as bases canónicas para a construção de algoritmos computacionais de primeiro tipo. O primeiro princípio básico de construção de algoritmos, segundo T. Kormen, é o princípio heurístico de "dividir para conquistar". De facto, trata-se de um algoritmo do segundo tipo que utiliza a análise qualitativa. Ou seja, T. Komen utiliza o segundo tipo de algoritmo

para construir o primeiro tipo de algoritmo.
O esquema do algoritmo do segundo tipo é apresentado na Fig.3.4.

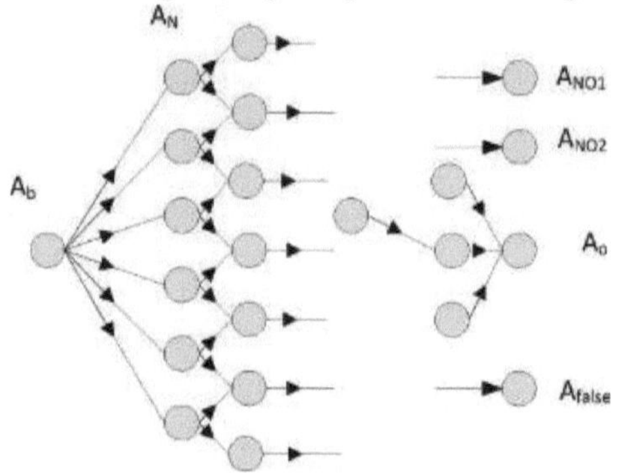

Fig.3.4 Algoritmo do segundo tipo.

$_b$Na Fig. 3.4, o estado inicial da solução corresponde ao vértice A . A situação de incerteza ocorre ao nível dos vértices AN . $_{NO1NO2ase}$Como resultado da solução, é possível obter soluções óptimas AO , soluções subóptimas A A , E mesmo soluções erradas Af i . Este facto também distingue um problema do segundo tipo dos problemas do primeiro tipo em que existe uma única solução. Nos problemas do segundo tipo podem existir muitas soluções, incluindo soluções óptimas e subóptimas.

4. Complexidade algorítmica

Existem diferentes tipos de complexidade. A complexidade algorítmica é um dos tipos de complexidade. Os conceitos de teoria da complexidade e de teoria da complexidade algorítmica devem ser separados. A teoria da complexidade algorítmica é um subconjunto da teoria da complexidade e ocupa-se principalmente da computação e da complexidade computacional. O processamento algorítmico da informação corresponde à transformação da informação de entrada (dados de entrada) num resultado de processamento. Na computação, um algoritmo medeia a transformação da informação. No entendimento moderno, um algoritmo é um conceito mais amplo do que um esquema de computação. Existem algoritmos para o desenvolvimento de algoritmos de cognição, algoritmos de pesquisa [248], algoritmos de reconhecimento [249], algoritmos de identificação [250], algoritmos de separação, por exemplo, através do método do hiperplano [242], algoritmos de gestão do conhecimento (KM Algorithm) [250], algoritmos multi-agentes [251-253] e outros. A experiência no tratamento da informação mostra que se podem distinguir dois tipos de algoritmos pelo tipo de obtenção de soluções: algoritmos do primeiro tipo algoritmos do segundo tipo. Com o algoritmo do primeiro tipo, a solução do problema pode ser obtida com uma única sequência computacional. A Fig. 4.1 mostra um algoritmo generalizado do primeiro tipo

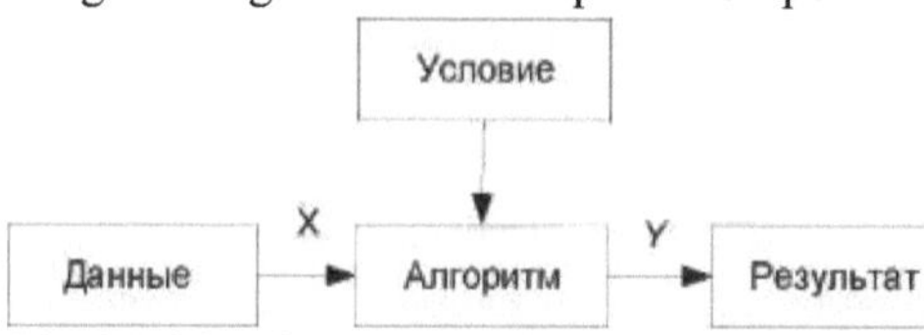

Fig.4.1 Algoritmo generalizado do primeiro tipo

Todos os algoritmos de primeira ordem são caracterizados por uma entrada e uma saída. Todos os algoritmos de primeira ordem podem ser simplificados num único bloco com uma entrada (X) e uma saída (Y). A maioria dos algoritmos do primeiro tipo envolve soluções para problemas que podem ser resolvidos por uma máquina de Turing determinística (DTM) com recursos limitados de tempo ou espaço. Muitos algoritmos do segundo tipo envolvem soluções para problemas que podem ser resolvidos por uma máquina de Turing não-determinística (NTM).

Para estimar a complexidade, é frequentemente utilizado o conceito de "Classe de Complexidade Temporal", que é avaliada pelos recursos de tempo necessários para resolver o problema. Para estimar a complexidade, são mais frequentemente utilizados os seguintes procedimentos: estimar o custo em tempo da execução de um dado algoritmo; comparar dois algoritmos e atribuí-los à mesma classe ou a classes diferentes. Consideramos as classes de complexidade dos algoritmos como um conjunto de algoritmos que resolvem problemas computacionais comuns. Uma classe de complexidade é geralmente determinada por três factores: o tipo de problema computacional, o modelo de computação e o recurso computacional limitado. Por exemplo, a classe de complexidade P é definida como o conjunto de problemas cujas soluções podem ser obtidas por uma máquina de Turing determinista em tempo polinomial.

Complexidade assimptótica

Numa interpretação simples, um problema computacional ou uma tarefa computacional podem ser representados como uma pergunta formulada numa linguagem formal a que um computador pode responder. Neste aspeto, o problema computacional e a complexidade computacional são acompanhados da noção de linguagem de informação [107, 254]. As noções de "problema" e de "linguagem" são em grande parte sinónimas na teoria da computabilidade e da complexidade algorítmica. Uma máquina de Turing é geralmente entendida como uma máquina que define uma linguagem. A noção de modelo computacional está relacionada com a complexidade computacional. Um modelo computacional, por sua vez, está relacionado com os recursos computacionais: "tempo", "memória". Na teoria da complexidade algorítmica, as classes de complexidade são definidas pelos requisitos de recursos do algoritmo e não pelos requisitos de recursos físicos. O principal modelo computacional na teoria da complexidade algorítmica é a máquina de Turing, embora também sejam utilizados outros modelos. Numa máquina de Turing, em vez de utilizar unidades de informação padrão de tempo (segundo), as unidades de informação utilizadas são o número de passos elementares necessários para resolver o problema. Uma máquina de Turing, em vez de usar unidades de informação padrão de volume (bytes), usa unidades de informação como o número de células usadas na fita da máquina.

O tempo de execução de um único algoritmo pode variar para diferentes dados de entrada, tanto em termos da qualidade do conjunto de dados como em termos de volume. Para estimar a complexidade de um algoritmo, considera-se geralmente a complexidade temporal, que especifica a quantidade máxima de tempo necessária para os dados de entrada. Esta abordagem conduz à noção de complexidade assimptótica [255]. Menos comum é a complexidade média, que é o tempo médio gasto para dados de entrada de um determinado tamanho. Nestes casos, a complexidade temporal é geralmente expressa como uma função da dimensão dos dados de entrada [256]. Uma vez que esta função é normalmente difícil de calcular com exatidão e que o tempo de execução de dados de entrada pequenos é normalmente irrelevante, é habitual concentrarmo-nos no comportamento da complexidade à medida que o tamanho dos dados de entrada aumenta, ou seja, no comportamento assintótico da complexidade. A complexidade assimptótica, que tem as seguintes variantes, é utilizada para avaliar comparativamente a complexidade dos algoritmos

1. $f(n) \in Og(n))$ - f é limitada a partir de cima pela função g (até um multiplicador constante) assintoticamente

$\exists(C>0),n_0 : \forall(n>n_0)\ |f(n)| \leq C|g(n)|$ или $\exists(C>0),n_0 : \forall(n>n_0)\ |(n) \leq Cg(n)$

2. $f(n) \in \Omega g(n))$ - - f é limitada a partir de baixo pela função g (com exatidão até um multiplicador constante) assintoticamente

$\exists(C>0),n0 : \forall(n>n0)\ |f(n)| \geq C|g(n)|$

3. $f(n) \in \Theta g(n))$ - f é limitada em cima e em baixo pela função g (até um multiplicador constante) assintoticamente

$\exists(C, C'>0),n0 : \forall(n>n0)\ C|g(n)| \leq |f(n)| \leq C'|g(n)|$

4. $f(n) \in o\ g(n))$ - g domina f assintoticamente

$\forall(C>0), \exists n0 : \forall(n>n0)\ |f(n)| < C|g(n)|$

5. $f(n) \in \omega g(n))$ - f domina g assintoticamente

$\forall(C>0), \exists n0 : \forall(n>n0)\ |f(n)| > C|g(n)|$

6. $f(n) \sim g(n))$ - g é equivalente ou *comensurávelf* assintoticamente

$\lim f(n)/g(n)=1$

Para a estimativa assintótica, utilizamos a notação: big O, que é utilizada para exprimir um limite superior para o tempo de execução de um algoritmo. *O grande O é* uma das notações matemáticas chamadas *notação assintótica*, que é utilizada para exprimir o comportamento de uma função quando o seu argumento aumenta até ao infinito. O grande *O* foi utilizado pelo matemático Paul Bachmann no final do século XIX, mas é por vezes designado por *símbolo de Landau* (matemático Edmund Landau). É utilizado para descrever a restrição de cima para baixo (ver n1 acima). O grande ómega é utilizado para descrever a restrição a partir de baixo (ver n2 acima).

Tipos de complexidade computacional dos algoritmos

Distinguem-se diferentes tipos de complexidade dos algoritmos. O tradicional utiliza a complexidade temporal como base, o que se designa por complexidade computacional. Relacionar a complexidade computacional com o tempo de computação. O tempo de computação é denotado por *T(n)*. ^{an}A complexidade de tempo é geralmente expressa usando a letra maiúscula O: *O(n), O(n log(n)), O(n), O(2)* e outros, onde n é o tamanho dos dados de entrada em bits *1odd necessários* para a representação. Por exemplo, um algoritmo com complexidade de tempo é um *algoritmo de tempo linear* e um algoritmo com complexidade de tempo para alguma constante a >1 é um *algoritmo de tempo polinomial*

Consideremos os algoritmos do primeiro tipo. Note-se que diferentes autores permitem interpretações contraditórias da complexidade destes algoritmos. Assim, vamos considerar exemplos e tentar justificar a complexidade de alguns algoritmos. O algoritmo mais simples é o algoritmo de tempo constante. Todos os comandos de máquina são algoritmos de tempo constante, denotados por *0(1)*. A Fig.4.2 mostra o algoritmo de tempo constante no exemplo da operação de adição.

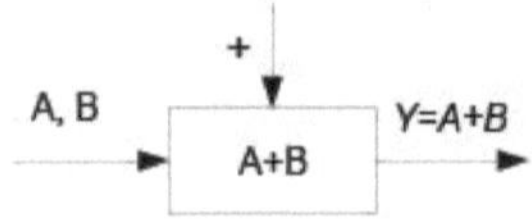

Fig.4.2 Algoritmo de tempo constante

A Fig.4.2 é uma realização completa do circuito da Fig.4.1. O algoritmo de tempo constante corresponde ao algoritmo direto. Os dados de entrada são um conjunto limitado A, B. A condição representa uma única operação, neste caso a adição. Em geral, pode ser qualquer operação com tempo fixo. A saída representa o resultado da operação ou a soma. Note-se que o tempo da operação no esquema da Fig. 4.2 depende do tipo de dados. As operações com números inteiros são mais rápidas do que com números reais. As operações com números reais são mais rápidas do que com números de dupla precisão.

Alguns autores chamam ao algoritmo de tempo constante um algoritmo de cálculo da média. Isto é formalmente aceitável, mas fisicamente incorreto. O tempo de cálculo da média depende do volume da amostra ou da matriz em que a média é determinada. Por conseguinte, um algoritmo deste tipo tem um tempo de cálculo condicionalmente constante. O tempo de cálculo depende da dimensão da amostra, da precisão necessária dos cálculos e dos tipos de dados de origem. Este exemplo pode ser utilizado para realçar a condicionalidade de alguns tipos de complexidade. Consiste no facto de os algoritmos que pertencem à mesma classe ou tipo de complexidade utilizarem fisicamente tempos de cálculo diferentes.

Os algoritmos de tempo linear *O(n)* são utilizados como alternativa a este algoritmo. O algoritmo para calcular a média é um algoritmo de tempo linear. Se considerarmos os algoritmos não computacionais, o algoritmo de tempo linear é um algoritmo do primeiro tipo na formulação do problema ou problema (Fig. 4.3)

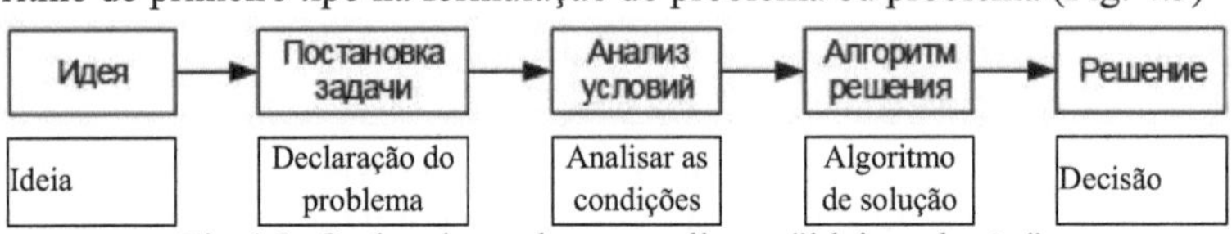

Fig.4.3: O algoritmo de tempo linear "ideia-solução".

A solução pode ser um projeto, um desenvolvimento inovador, uma decisão de gestão, etc. É fundamental que quanto maior for o número de blocos, maior será o tempo do algoritmo de tempo linear. É por esta razão que, na gestão e na computação, se efectua a paralelização dos segmentos que participam na computação ou na conceção. O algoritmo da Fig.3 é linear com um único caminho.

Existem modelos de algoritmos de rede não lineares que permitem múltiplas trajectórias de computação possíveis [257]. Consideremos mais um algoritmo de tempo linear. Trata-se do algoritmo de consulta ou pesquisa numa base de dados (Fig.4.4)

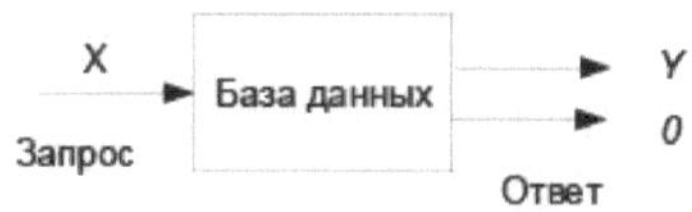

Fig.4.4 Resultados do algoritmo de consulta da base de dados

Para a Fig. 4.4, a condição de solução é 3Y(X) eDB. Na teoria da complexidade, considera-se que, em geral, um problema de decisão nem sempre tem apenas dois resultados possíveis, sim ou não (ou alternadamente 1 ou 0) em qualquer entrada. Assim, se uma solução tiver apenas dois resultados possíveis (Fig. 4.4), trata-se de uma caraterística de um algoritmo do primeiro tipo. A caraterística do algoritmo da Fig. 4.4 é a falta de ambiguidade do resultado. Pode ser obtido "sim" ou não obtido "não". Ao mesmo tempo, o resultado é caracterizado pela unicidade do valor Y.

Introduzamos a noção de "eficiência do algoritmo". O fator de eficiência de um algoritmo nem sempre é avaliado quando se analisa a sua complexidade. Um algoritmo pode funcionar durante um curto período de tempo e atingir o resultado ou objetivo desejado. Um algoritmo pode funcionar durante muito tempo e não conseguir nada. Um exemplo deste último caso é o looping. A eficiência de um algoritmo é a comparação ou avaliação comparativa entre o resultado obtido e o resultado pretendido. Consideremos o algoritmo de uma consulta a uma base de dados (Fig. 4.4). A sua eficiência é avaliada de forma muito simples.

$$X \wedge Ei \rightarrow Y \quad (4.1)$$

$$X \cap Ei \rightarrow \varnothing \quad (4.2)$$

A expressão (4.1) diz que o resultado no circuito da Fig. 4.4 foi alcançado. Com base na consulta da informação de entrada (X), comparando-a com algum elemento da base de dados Ei, é encontrada a informação de saída requerida Y que satisfaz as necessidades de informação da consulta. A expressão (4.2) diz que o resultado não foi alcançado. A enumeração de todos os elementos da base de dados não resulta em informação que satisfaça as necessidades de informação da consulta. A intersecção da informação de entrada (X) com os elementos da base de dados Ei dá um conjunto vazio. A segunda causa da expressão (4.2) pode ser um algoritmo de má qualidade. Neste caso, a expressão (4.1) caracteriza um algoritmo eficiente e a expressão (4.2) caracteriza um algoritmo ineficiente.

As expressões (4.1) e (4.2) caracterizam o desempenho e a complexidade temporal. É linear. Para a expressão (4.1), o tempo de execução do algoritmo $T1<T(n)$. Para a expressão (4.2) o tempo de execução do algoritmo $T2=T(n)$. Em ambos os casos existe uma complexidade linear de tempo ou complexidade linear de tempo $O(n)$.

Recorde-se que a complexidade linear é caracterizada não pelo tempo de execução efetivo, mas pelo valor assintótico, que não excede *O(n)*. No caso considerado, T1<T2. Mas ambos os tempos são comensuráveis e pertencem ao mesmo algoritmo de complexidade.
Um algoritmo de consulta de bases de dados alternativo e qualitativamente diferente é o algoritmo de pesquisa por matriz de informação Fig. 4.5.

Fig. 4.5. Algoritmo de pesquisa na matriz de informação

A diferença entre o algoritmo da Fig. 4.5 em relação ao algoritmo da Fig. 4.4 no resultado, na condição e no tempo de execução. O resultado da pesquisa é múltiplo. O resultado não é um valor único como na consulta, mas um conjunto de valores Ym. ⇔ ⇔ A condição de execução do algoritmo é X Y, onde o símbolo denota proporcionalidade qualitativa [258-263]. Em ambos os casos, ocorre a enumeração da matriz. Mas no caso da consulta a uma base de dados, a enumeração termina quando é encontrada uma correspondência com a consulta. Teoricamente, é possível que a primeira consulta produza o resultado pretendido. No caso da pesquisa de informações, toda a matriz é sempre processada.
Existem classes e tipos de complexidade. Fala-se muito de classes e menos de tipos de complexidade. [a]Para a classe de complexidade polinomial, as espécies são todos os algoritmos que podem ser descritos por polinómios *0(1), O(n), O(a(n)), O (n log(n)), O(n)* e outros. Apresentamos alguns dos algoritmos. Tempo de Ackerman inverso *O(a(n))* - O tempo por operação utilizando um conjunto sem intersecção. Tempo logarítmico DLOGTIME *O(log(n))* para pesquisa binária. [c]Potência fraccionada *O(n),* em que 0 < s < 1 - kd - pesquisa em árvore e outros.
As classes de complexidade agrupam os problemas computacionais de acordo com os seus requisitos de recursos. Para este efeito, os problemas computacionais são distinguidos por limites máximos da quantidade de recursos que o algoritmo mais eficiente requer para os resolver. Em particular, as classes de complexidade estão relacionadas com a taxa a que os requisitos de recursos para resolver um problema computacional aumentam à medida que a dimensão da entrada aumenta. ⊂ [1]Por exemplo, o tempo necessário para resolver problemas na classe de complexidade P cresce relativamente devagar à medida que o tamanho da entrada aumenta, enquanto cresce relativamente depressa para problemas na classe de complexidade EXPTIME exponencial (ou, mais precisamente, para problemas em EXPTIME que estão fora de P, uma vez que P EXPTIME).
$^{O(1)}$Na teoria da complexidade computacional, a classe P, também conhecida por PTIME ou DTIME(n), é uma das principais classes de complexidade. Contém

todos os problemas de decisão que podem ser resolvidos por uma máquina de Turing determinística utilizando um tempo de computação polinomial ou um tempo polinomial. Muitos algoritmos do primeiro tipo têm uma complexidade de tempo polinomial (por exemplo, ordenação rápida, ordenação por inserção, pesquisa binária)

Muitas classes de complexidade são definidas utilizando o conceito de redução. A redução é a transformação de um problema complexo num problema simples. Reflecte a noção de que um problema ou algoritmo não é menos complexo do que outro problema. Por exemplo, se o problema X pode ser resolvido usando um algoritmo para o problema Z, segue-se que X não é mais complexo do que Z. Para além das reduções, são aplicadas reduções. Existem muitos tipos diferentes de comparação de complexidade baseados em métodos de redução, tais como: redução de Cook, redução de Karp, redução de Levin. O método de redução envolve a estimativa da complexidade das reduções. Embora as máquinas de Turing deterministas e não deterministas sejam os modelos de computação mais utilizados, muitas classes de complexidade são definidas em termos de outros modelos computacionais. Algumas classes são definidas usando máquinas de Turing probabilísticas, incluindo as classes BPP , PP , RP e ZPP. Várias classes são definidas usando sistemas de prova interactivos, incluindo as classes IP , MA e AM. Algumas classes são definidas com recurso a circuitos lógicos , incluindo as classes P/poly e as suas subclasses NC e AC. Várias classes são definidas utilizando máquinas de Turing quânticas, incluindo as classes BQP e QMA. O estudo das relações entre classes de complexidade constitui o objeto de investigação da teoria da complexidade computacional. São feitas tentativas regulares para construir hierarquias gerais de classes de complexidade. Por exemplo, há uma tentativa bem conhecida de relacionar as classes de complexidade temporal e espacial (em negrito) da seguinte forma: L $\subset$ **NL** $\subset$P $\subset$NP $\subset$**PSPACE** $\subset$EXPTIME $\subset$**EXPSPACE.** No entanto, muitas relações ainda não foram explicitamente reveladas, como é o caso do problema da relação entre P e NP. As relações entre classes respondem frequentemente a questões sobre a natureza fundamental da computação. A relação entre P e NP está diretamente relacionada com as questões da computação determinística e não determinística. A convenção da divisão em classes deve ser registada. A classe de complexidade não especifica o tempo de computação física. O tempo de computação física depende da quantidade de dados que estão a ser processados. Pode haver uma situação em que uma classe de complexidade mais simples gaste mais tempo em cálculos do que uma mais complexa. Uma lacuna da atual teoria da complexidade algorítmica é a exclusão do fator de complexidade cognitiva [264,265]. Este é um tema de investigação futura. A atual teoria da complexidade [266-269] dá ênfase à computação e ao tempo de computação. Mas o mais importante na computação é o resultado. Se o resultado da computação não for qualitativo ou difuso, o tempo de computação perde a sua importância. Por conseguinte, a avaliação das classes de complexidade deve estar ligada não só ao tempo, mas também à qualidade do resultado. Neste contexto, é conveniente utilizar o parâmetro da eficiência dos cálculos na análise das classes de complexidade. É razoável utilizar a noção de unidades de informação na análise da complexidade, dando-lhes o significado de unidades de informação de cálculos, unidades de informação de operações temporais. Os algoritmos do primeiro tipo são algoritmos de classes relativamente pouco complexas. Este facto permite estudá-los mais detalhadamente, e este artigo é uma das etapas desse estudo.

4.1. Complexidade do software

O algoritmo está associado à complexidade computacional. A complexidade do software está associada à complexidade descritiva e estrutural. Um componente de software é uma unidade de software executada num computador no âmbito de um processo computacional. Embora seja definido como uma unidade, não é uma unidade de informação, mas um modelo composto [270, 271]. O software pode ser monolítico (um único módulo) ou pode ser constituído por blocos chamados componentes. No caso dos componentes de software, a complexidade aumenta devido a relações adicionais e possivelmente diferentes entre os componentes. Os componentes de software são utilizados em condições complexas de alteração da situação computacional ou das condições de computação.

A teoria da complexidade [272, 273] estuda os problemas solucionáveis e investiga os recursos necessários para os resolver. Tradicionalmente, para as computações sequenciais, considera-se o tempo como um recurso, que é reduzido ao número de passos de uma máquina de Turing. Outro recurso é o volume de computação, que é reduzido ao comprimento da fita da máquina de Turing. De acordo com isto, distinguimos complexidade temporal e espacial. Nalguns casos, são acrescentadas capacidades adicionais aos modelos computacionais, como a obtenção de números aleatórios As tarefas são classificadas em classes de complexidade em função dos recursos necessários. A teoria da complexidade estuda estas classes e as relações entre elas.

- A avaliação da complexidade utiliza critérios comparativos e de fixação dos factos [274, 275]. Os seguintes procedimentos são utilizados para avaliar a complexidade.
- Estimar os custos que o algoritmo exige dentro dos critérios e parâmetros dados (critério e complexidade paramétrica).
- Comparar dois algoritmos e escolher o menos complexo (complexidade comparativa).
- Determinar se é possível melhorar o algoritmo dado. Em caso afirmativo, o algoritmo é relativamente complexo (complexidade relativa).

- Avaliar a possibilidade de aplicar o algoritmo dado para resolver um determinado problema (complexidade por problema) numa determinada máquina (complexidade computacional)

Uma classe de complexidade computacional é um conjunto de problemas computacionais que têm aproximadamente a mesma complexidade ou que são comparáveis entre si do ponto de vista computacional.

Uma classe de complexidade métrica é um conjunto de sistemas ou algoritmos para tarefas que têm aproximadamente a mesma complexidade de acordo com uma métrica escolhida, como a métrica de Halstead.

A classe de complexidade de predicados é o conjunto de predicados P(x) que utilizam 0(/(n)) recursos, em que n é o comprimento dos dados de entrada).

Classe de complexidade estrutural - A complexidade da estrutura descrita por um grafo, estimada com base na complexidade do grafo

Classe de complexidade de tempo - A complexidade dos recursos de tempo necessários para resolver o problema.

Turing provou que alguns problemas não podem ser resolvidos e que é impossível criar um algoritmo para os resolver. Trata-se de problemas do segundo tipo. A complexidade destes problemas pode ser estimada com base numa comparação.

4.2. Complexidade computacional

As classes de complexidade [276] são muitas vezes definidas como classes de complexidade computacional [277], que formam um conjunto de tarefas computacionais que têm aproximadamente a mesma complexidade ou que são comparáveis entre si do ponto de vista computacional. Na teoria da computação, a complexidade temporal é uma complexidade computacional que descreve a quantidade de tempo necessária para a execução de um algoritmo. A complexidade temporal é geralmente estimada através da contagem do número de operações elementares efectuadas por um algoritmo, assumindo que cada operação elementar requer uma quantidade fixa de tempo para ser executada. Estas operações elementares podem ser consideradas como unidades computacionais informativas. Assim, a quantidade de tempo gasto e o número de operações elementares realizadas por um algoritmo não diferem mais do que um fator constante ou uma escala de unidades de informação.

O tempo de execução de um algoritmo é geralmente denotado por *T(n).* [an]A complexidade temporal é geralmente expressa utilizando a notação *O,* geralmente *O(n), O (n log(n), O (n) O(2),* etc., em que n é o tamanho dos dados de entrada em bits 1odd necessários para representar os dados de entrada. As complexidades algorítmicas são classificadas de acordo com o tipo de função denotada pela notação de grandeza *O.* Por exemplo, um algoritmo com complexidade de tempo é um *algoritmo de tempo linear* e um algoritmo com complexidade de tempo para alguma constante *a>1* é um *algoritmo de tempo polinomial.* O conceito de tempo polinomial dá origem a várias classes de complexidade temporal na teoria da complexidade computacional. Algumas classes importantes definidas utilizando o tempo polinomial estão resumidas na Tabela 4.1.

Tabela 4.1. Classes de complexidade temporal

P	Classe de complexidade dos problemas de tomada de decisão que podem ser resolvidos numa máquina de Turing determinística em tempo polinomial
QP	Classe de complexidade dos problemas de tomada de decisão que podem ser resolvidos numa máquina de Turing determinística em tempo quase polinomial
NP	Classe de complexidade dos problemas de tomada de decisão que podem ser resolvidos numa máquina de Turing não determinística em tempo polinomial
E	A classe de complexidade dos problemas de tomada de decisão que podem ser resolvidos numa máquina de Turing determinística em tempo exponencial linear
ZPP	A classe de complexidade dos problemas que podem ser resolvidos com erro zero numa máquina de Turing probabilística em tempo polinomial
RP	Classe de complexidade dos problemas de decisão que podem ser resolvidos com erro unilateral numa máquina de Turing probabilística em tempo polinomial
BPP	Classe de complexidade dos problemas de decisão que podem ser resolvidos com erro bilateral numa máquina de Turing probabilística em tempo polinomial
BQP	Classe de complexidade dos problemas de tomada de decisão que podem ser resolvidos com erro bilateral numa máquina de Turing quântica em tempo polinomial

Um algoritmo é chamado de algoritmo de tempo constante, denotado como *0(1),* se o valor *T(n)= O(1)* é limitado por um valor que é independente do tamanho dos dados de entrada. Por exemplo, o acesso independente a qualquer elemento de uma matriz demora um tempo constante, uma vez que só é necessário efetuar uma *(1)* operação independente para o encontrar. Do mesmo modo, a procura do valor mínimo numa matriz ordenada por ordem crescente é o primeiro elemento. No entanto, encontrar o valor mínimo numa matriz não ordenada não é uma operação em tempo constante, porque é necessário procurar cada elemento da matriz para determinar o valor mínimo. Por conseguinte, é uma operação de tempo linear que demora *O(n)* tempo. No entanto, se o número de elementos for conhecido antecipadamente e não mudar, podemos dizer que esse algoritmo é uma operação de tempo constante

Apesar do nome "tempo constante", o tempo de execução não precisa de ser independente do tamanho da matriz, mas o limite superior do tempo de execução deve ser limitado independentemente do tamanho da matriz. $a \leq b$ $a \leq b$Por exemplo, a tarefa "trocar os valores de *a* e *b* se " é chamada de tempo constante, embora o tempo possa depender do facto de a já ser verdadeira. No entanto, existe uma constante *t* tal que o tempo necessário é sempre inferior a *t*.

Um algoritmo tem um tempo de execução logarítmico quando *T(n) = O(log n*).

Uma vez que *log a e log bn* estão relacionados por um multiplicador constante, esse multiplicador é irrelevante para a classificação de grandes *O*, a utilização padrão de algoritmos de tempo de execução logarítmico *é O log n)* independentemente da base do logaritmo que aparece na expressão *T*

^{k}O algoritmo é executado em tempo polilogarítmico se o seu tempo *T(n)* = *O(logn*). para alguma constante k.

Um algoritmo tem tempo linear ou tempo *T(n)* = *O(n)* se a sua complexidade temporal for *O(n)*. Isto significa que o tempo de execução aumenta no máximo linearmente com o tamanho da entrada. Mais precisamente, significa que existe uma constante *c* tal que o tempo de execução não excede *cn* para cada entrada de tamanho *n*. Por exemplo, um procedimento que adiciona todos os elementos de uma lista demora um tempo proporcional ao comprimento da lista se o tempo de adição for constante ou, pelo menos, limitado pela constante

^{k}Um algoritmo é chamado polinomialmente complexo (P, Tabela 4.1) se a sua duração for limitada por uma expressão polinomial nas dimensões dos dados de entrada para o algoritmo, ou seja, *T(n)* = *O(n)* para alguma constante positiva k [278]. Os problemas para os quais existe um algoritmo determinístico com tempo polinomial pertencem à classe de complexidade P, que é central no campo da teoria da complexidade computacional. A tese de Cobham afirma que o tempo polinomial é sinónimo das palavras "obediente" *tratável, "viável" exequível,* "eficiente" ou "rápido" [279].

^{22}O algoritmo para ordenar *n* números inteiros efectua as operações Ap para uma constante A. Assim, corre no tempo *On* e é um algoritmo com tempo polinomial. Todas as operações aritméticas básicas (adição, subtração, multiplicação, divisão e comparação) podem ser realizadas em tempo polinomial. As combinações máximas de pares em grafos podem ser encontradas em tempo polinomial.

Em alguns contextos, especialmente na otimização, distingue-se entre algoritmos com tempo estritamente polinomial e fracamente polinomial. Estes dois conceitos só são relevantes se os dados de entrada dos algoritmos forem constituídos por números inteiros.

O tempo fortemente polinomial é definido no modelo aritmético de computação. Neste modelo de computação, as operações aritméticas básicas (adição, subtração, multiplicação, divisão e comparação) são realizadas num único passo de tempo, independentemente da dimensão dos operandos. Um algoritmo é executado em tempo fortemente polinomial se o número de operações no modelo aritmético de computação for limitado por um polinómio do número de números inteiros na instância de entrada; e também o espaço utilizado pelo algoritmo é limitado por um polinómio da dimensão dos dados de entrada.

Qualquer algoritmo com estas duas propriedades pode ser convertido num algoritmo de tempo polinomial, substituindo as operações aritméticas por algoritmos adequados para efetuar operações aritméticas numa máquina de Turing (MT).

Um algoritmo que executa em tempo polinomial mas não é fortemente polinomial é chamado fracamente polinomial [280]. Um exemplo bem conhecido de um problema para o qual se conhece um algoritmo com tempo fracamente polinomial mas não se sabe se admite um algoritmo com tempo fortemente polinomial é a programação linear. O tempo fracamente polinomial não deve ser confundido com o tempo pseudo-polinomial

A classe P é a classe mais pequena de complexidade de tempo numa máquina determinística que é robusta a alterações no modelo da máquina. Por exemplo, passar de uma máquina de Turing para uma máquina de Turing multi-máquinas pode resultar num aumento de velocidade quadrático, mas qualquer algoritmo que funcione em tempo polinomial num modelo também o faz noutro. Qualquer tarefa numa máquina abstrata pode ter uma classe de complexidade correspondente às tarefas que podem ser resolvidas nessa máquina em tempo polinomial

Classe NP. A classe NP (Non-deterministic polynomial) é um conjunto de problemas cuja solução é possível com alguma informação adicional (o chamado certificado de solução), ou seja, a possibilidade de verificar "rapidamente" (em tempo não superior a um polinómio da dimensão dos dados) a solução numa máquina de Turing. De forma equivalente, a classe NP pode ser definida como o conjunto de problemas que podem ser resolvidos "rapidamente" numa máquina de Turing não determinística.

Acredita-se que é muito mais difícil estimar a complexidade de um problema do que verificar a correção da solução. A classe de problemas cuja solução pode ser verificada em tempo polinomial é denotada NP.

$L \subset \{0,1\}^*$ $p{:}\mathrm{N} \rightarrow \mathrm{N}$ $x \in \{0,1\}^*$ n $x \in L$ $u \in \{0,1\}^{p(n)} : M(x,u) = 1$. Diz-se que uma língua pertence à classe NP se existir uma máquina de Turing de tempo polinomial *M* tal que, para todas as palavras de comprimento, se e só se existir . A máquina *M* é chamada verificadora se a sua entrada, para além da palavra de entrada, for uma palavra binária, chamada certificado, que permita verificar que a palavra de entrada pertence à linguagem considerada em tempo polinomial. Um certificado é um análogo verbal de um parâmetro de referência. Contém informações especiais, através das quais é possível determinar se a palavra introduzida pertence à língua em causa. Como restrição, o comprimento do certificado deve ser limitado por um polinómio do comprimento da palavra de entrada

Existe um problema não resolvido na teoria da complexidade (P e NP) que é a seguinte questão: todos os problemas NP-completos têm algoritmos com tempo polinomial? Todos os algoritmos mais conhecidos para problemas NP-completos, como o 3SAT e outros, requerem tempo exponencial. De facto, para muitos problemas naturais NP-completos, assume-se que não têm algoritmos com tempo subexponencial.

O termo "tempo subexponencial" é utilizado para indicar que o tempo de execução de um algoritmo pode crescer mais rapidamente do que qualquer polinómio, mas ainda assim ser muito inferior ao exponencial. Neste sentido, os problemas que têm algoritmos de tempo subexponencial são um pouco mais solucionáveis do que aqueles que têm apenas algoritmos exponenciais. A definição exacta de "subexponencial" não é universalmente aceite [281].

Muitos problemas de grafos representados por matrizes de adjacência são resolúveis em tempo subexponencial, simplesmente porque a dimensão dos dados de entrada é igual ao quadrado do número de vértices. Esta conjetura (para o problema k-SAT) é conhecida como a hipótese do tempo exponencial [282]. Uma vez que se assume que os problemas NP-completos não têm algoritmos de tempo quasi-polinomial, alguns resultados no domínio dos algoritmos de aproximação assumem que os problemas NP-completos não têm algoritmos de tempo quasi-polinomial. Por exemplo, resultados sobre a incompatibilidade do problema de recobrimento múltiplo.

Um problema é chamado subexponencialmente solucionável no tempo se puder ser resolvido num tempo de execução cujos logaritmos se tornam menores do que qualquer polinómio dado

^{p0lyn}Um algoritmo é chamado exponencial no tempo se *T(n)* for limitado a partir de cima pelo número *2 '*, onde *poly(n)* é algum polinómio de *n.* ^{nK}Formalmente, um algoritmo é exponencial no tempo se *T(n)* for limitado por *O*(2)para alguma constante k. As tarefas que admitem algoritmos de tempo exponencial numa máquina de Turing determinística formam uma classe de complexidade conhecida como EXP. $^{O(n)}$Por vezes, o tempo exponencial é utilizado para designar algoritmos que têm *T(n)* = 2 , em que o expoente de grau é, no máximo, uma função linear de n. Isto conduz à classe de complexidade E (Quadro 1)

Existem diferentes tipos de problemas NP-difíceis.

Os problemas *NP-difíceis (NP-complexos)* são problemas aos quais todos os problemas NP são polinomialmente redutíveis.

Uma tarefa NP-completa é uma tarefa que é NP-difícil e está na classe NP. Também denotada por *NPC*

NP-completo no sentido forte - Problema NP-completo para o qual não existe um algoritmo pseudo-polinomial. Também designado por *SNPC*

Declarações exactas

P ⊆ NP ; NP· ⊆ NP; NP· ⊂ NP-·-completo -completo difícil; P ⊂ NP ⊂ EXP

A noção de complexidade temporal introduzida para a MT pode ser alargada a outros modelos através da tese de Church-Turing numa forma forte: qualquer função computável pode ser calculada numa máquina de Turing com um abrandamento no máximo polinomial (ou seja, *t* passos de computação podem ser realizados por uma máquina de Turing em, no máximo, *n* passos para alguma constante *c,* dependendo da forma particular de computação). Todas as classes de complexidade estão numa relação hierárquica: umas contêm outras. No entanto, a maior parte das inclusões não são conhecidas por serem estritas. A classe P, que é a mais baixa, contém todas as tarefas que podem ser resolvidas em tempo polinomial. A classe NP contém todos os problemas que só podem ser resolvidos em tempo polinomial por uma máquina de Turing não determinística (esta é uma variante de uma máquina de Turing normal que pode fazer suposições). Uma máquina deste tipo faz uma suposição sobre a solução do problema "ou um "palpite de sorte" ao tentar todas as suposições em paralelo - e verifica a sua suposição em tempo polinomial.

5. Conceção da informação

A construção da informação é um processo próximo da lógica algorítmica. A diversidade de modelos existentes e emergentes leva à necessidade de generalizar modelos e de criar alguns modelos sobre modelos que possam efetuar eficazmente a construção e a análise de modelos. Um desses modelos generalizados é a construção da informação [283-285]. O processo de construção de um constructo de informação e o processo de aplicação do constructo de informação designa-se por constructo de informação. A construção da informação é um modelo multidimensional. Destina-se a descrever um determinado objeto, processo, fenómeno ou outra entidade [286].

As construções de informação são variadas. Os constructos de informação lógicos [287] são expressões lógicas que são posteriormente transformadas em esquemas lógicos e esquemas algorítmicos. Os constructos de informação em rede representam sistemas distribuídos, redes ou estruturas de sistemas ciber-físicos. Os constructos de informação algorítmica são esquemas generalizados de algoritmos orientados para a resolução de um grupo de problemas da área temática. As construções de informação analítica são esquemas generalizados de resolução de problemas e descrições de processos. As construções de informação procedimental são descrições generalizadas de processos orientados para a descrição de fenómenos

Os construtos de informação situacional são esquemas generalizados de situações de informação orientados para a construção de situações em condições específicas. Os construtos de informação de metamodelo são esquemas generalizados de metamodelos [288-291] orientados para a metamodelação. Os construtos de informação heurística são esquemas generalizados de processamento de informação heurística sob a forma de regras, orientados para a resolução de problemas do segundo tipo.

Os algoritmos computacionais baseiam-se em construções lógicas e convertem dados de entrada em dados de saída utilizando funções computacionais. As construções lógicas são um tipo particular de construções de informação. Os esquemas funcionais são um tipo de construções de informação. Os diagramas de blocos de algoritmos são concretizações de construções de informação algorítmica. A construção de informação é uma generalização de diferentes abordagens de construção de algoritmos. Neste caso, a construção de informação pode atuar em duas qualidades: como um metamodelo e como a base de um esquema algorítmico particular.

A construção da informação como modelo de diversidade é apresentada na Fig. 5.1. Inclui descrições de: propriedades, processos, estruturas, semântica. A construção da informação tem a sua própria linguagem de construção, que se baseia na utilização de unidades de informação, que não são apresentadas na figura.

Figura 5.1. A construção da informação como modelo secundário

Como modelo secundário, é descrito pela expressão (5.1).

$$Ob \rightarrow IM \rightarrow IK \quad (5.1).$$

A expressão (5.1) mostra que, inicialmente, os dados sobre o objeto são transformados num modelo, depois o modelo é transformado numa construção de informação com base na generalização. A construção de informação é um modelo secundário abstrato. Situa-se a um nível de abstração mais elevado do que o modelo primário. O modelo primário é derivado diretamente da recolha ou da medição. Na Fig. 5.1, à direita, estão representados os atributos que caracterizam o grau de generalização. Objeto, processo, fenómeno - tem parâmetros reais. Quando se constrói um modelo, não se utilizam todos os parâmetros reais, mas apenas os essenciais. Este é o primeiro nível de generalização ou abstração, quando alguns parâmetros são excluídos e se constrói um modelo de informação.

Quando se passa para um nível de abstração mais elevado, os parâmetros reais são substituídos por parâmetros generalizados. Isto pode ser comparado em programação com uma sub-rotina normal, que não tem parâmetros reais, mas apenas parâmetros formais. No entanto, é aqui que termina a comparação com uma sub-rotina. Uma construção de informação a um nível paramétrico superior de abstração tem uma descrição da estrutura, dos princípios e dos conceitos. Assim, uma construção de informação pode ser considerada como um modelo de uma classe de modelos, contendo atributos de classe e caraterísticas generalizadas. Em resumo, podemos afirmar que a conceção da informação é: um modelo de objeto, um modelo de uma classe de modelos semelhantes, um modelo de um nível superior de abstração. Uma das principais tarefas da conceção da informação é descrever a estrutura, os conceitos e os princípios.

5.1. A construção da informação como uma generalização

Na descrição e modelização dos objectos do mundo que nos rodeia, surgem relações dicotómicas "simples - complexo" [292-294] ou "abstrato - real [292-294] ou "abstrato - real". Esta dicotomia permite construir objectos complexos a partir de objectos simples, com base na abstração, ou construir estruturas de objectos simples através da decomposição de objectos complexos. A construção de informação [295-298] destina-se principalmente a descrições diferentes. Ao descrever situações, processos, modelos e objectos complexos, procura-se unificar e simplificar a descrição. Para este efeito, são escolhidos os componentes ou unidades de informação mais simples, que têm diferentes especializações: semântica [109], paralinguística [299], interpretativa [300], unidades de mensagem [301], lógica [302], pedagógica [303], descritiva [304]. As descrições num domínio de informação podem ter um nível de abstração superior ou inferior. As descrições no domínio da informação podem ter parâmetros formais e factuais.

As descrições abstractas no domínio da informação contêm principalmente parâmetros formais. São designadas pelo termo constructos de informação. A construção de informação é um conceito que generaliza modelos de informação, objectos de informação, conjuntos de unidades de informação, modelos de sistemas de informação, mensagens de informação. O constructo de informação é um conceito que combina modelos de fluxo de informação e modelos de sistemas complexos. A figura 5.2 mostra a relação da conceção da informação com os conceitos "modelo", "metamodelo", "conceito", "ideia", "projeto", "implementação". A Fig. 5.2 mostra que a ideia e o conceito servem de base para a construção de um constructo de informação (CI). Como tal, uma construção de informação pode ser considerada como um modelo concetual.

A construção da informação (CI) serve de base para a construção de um modelo de informação (MI), substituindo os parâmetros formais por parâmetros reais. Existe uma relação geral-privada entre o CI e o MI [305]. A conceção tecnológica da informação serve de base para a construção de soluções tecnológicas, substituindo os parâmetros formais por parâmetros reais.

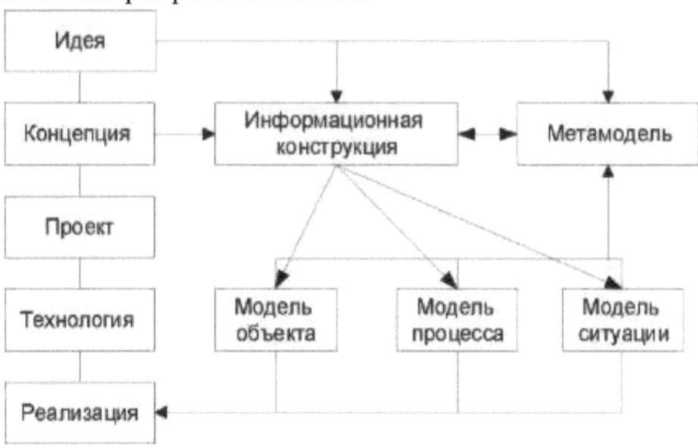

Fig.5.2 Relação entre o constructo de informação e os objectos do campo de informação.

No domínio da informação, existe um conceito de metamodelo. Existe uma relação de equivalência entre metamodelo e RI. A diferença entre IR e metamodelo é que IR serve de base para a construção de uma variedade de modelos de informação com base na relação "geral-privado". Uma das principais funções do IR é descrever e construir modelos de informação. O metamodelo é construído com base na generalização de modelos ou com base na abstração. Ou seja, os fluxos entre a RI e o MI e entre o MI e o metamodelo têm direcções opostas.

A diferença entre a RI e o metamodelo reside também no facto de a RI utilizar unidades de informação como no MI. Um metamodelo utiliza unidades de informação, mas para além destas pode utilizar meta-unidades, que são generalizações de unidades de informação.

A conceção da informação tem frequentemente uma estrutura. Os elementos da estrutura da CI podem ser: modelos de informação, objectos de informação, unidades de informação e agregados heterogéneos de todos os elementos acima referidos.

Os constructos de informação podem ser nítidos e difusos. Tal depende das condições da sua construção e dos tipos de parâmetros que contêm

Utilizações. Por exemplo, o mapa cognitivo e o mapa cognitivo difuso podem ser considerados como exemplos de construções de informação.

As construções de informação, enquanto generalização de modelos de informação, desempenham as seguintes funções principais: acumulação de experiência, generalização de propriedades, generalização da aplicação. A função de generalização das propriedades da construção de informação consiste em que a construção de informação acumula experiência de descrição e construção de modelos e objectos de modelação. A função de generalização da aplicação da conceção da informação consiste no facto de a conceção da informação acumular a experiência de aplicação de modelos e de problemas resolvidos com a sua ajuda. A construção da informação como generalização é um meio de descrever a imagem do mundo [306-309].

No aspeto de refletir as propriedades dos objectos da realidade e dos seus modelos, existem: propriedades substantivas, processuais, atributivas e combinadas. Por conseguinte, as construções de informação podem pertencer a estas categorias. As construções de informação substantiva caracterizam as entidades, as construções de informação processual descrevem os processos e as construções de informação atributiva descrevem as propriedades. A Fig. 5.3 mostra um esquema que liga uma construção de informação aos seus geradores, diferentes modelos.

Fig.5.3 Relação da conceção da informação com os modelos.

5.2. Construções tecnológicas no domínio da informação

A Fig. 5.4 mostra o esquema de conceção das tecnologias da informação (ITD). A comparação da Fig. 5.2 com a Fig. 5.4 permite afirmar que o STC é um caso especial de CI com ênfase na solução tecnológica. O STC é utilizado quando a complexidade das tecnologias é elevada e, para descrever uma tecnologia complexa, é necessário introduzir um nível adicional de descrição que simplifique a descrição das soluções tecnológicas e aumente a fiabilidade da análise das soluções tecnológicas.

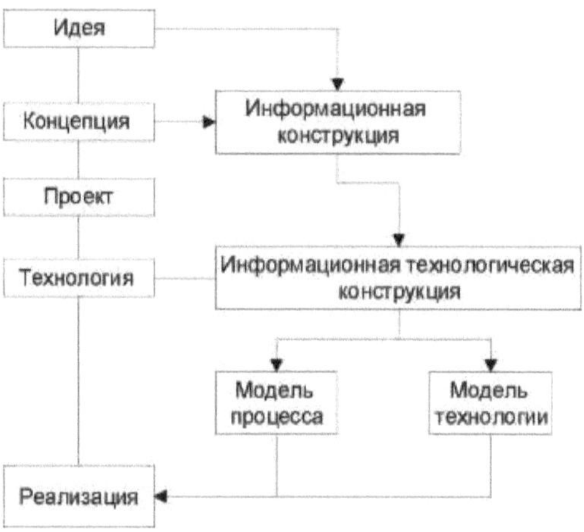

Figura 5.4. Diagrama esquemático da conceção das tecnologias da informação

As TIC são utilizadas quando a complexidade não só das tecnologias mas também das soluções tecnológicas é elevada. Para descrever, em primeiro lugar, uma solução tecnológica complexa, é introduzido o conceito de ITC. O nível adicional de descrição da solução tecnológica aumenta a possibilidade da sua análise detalhada e aumenta a fiabilidade da solução tecnológica.

A conceção de tecnologias da informação é um caso especial de RI, com um nível de abstração mais baixo e centrado na descrição de uma solução tecnológica complexa. O ITC não substitui os modelos, mas permite formar modelos de processos e modelos tecnológicos com maior pormenor. O nível de abstração das TIC é reduzido devido à inclusão de parâmetros tecnológicos, ligações e relações. O principal objetivo da criação de ITC é aumentar a fiabilidade das soluções tecnológicas, por exemplo, na programação.

Uma caraterística importante das TIC é a sua adaptabilidade, ou seja, uma solução tecnológica baseada numa TIC pode ser substituída por uma nova. Um conjunto de TIC cria uma coleção de soluções de tecnologias da informação adaptáveis a tarefas específicas. A base para o desenvolvimento das TIC é uma solução concetual, que é complementada por requisitos para a solução tecnológica e para a tarefa em causa. Uma vantagem importante de uma ITC é a possibilidade de utilizar um ambiente virtual [34, 35] ou um ambiente virtual para analisar a ITC.

A conceção de um STI levanta uma série de problemas típicos, como a avaliação do ciclo de vida. Os STI têm um ciclo de vida mais longo do que a tecnologia. São adaptáveis tanto à inovação como à aplicação. A adaptação dos STI baseia-se, na maioria das vezes, numa modelação incremental. Para resolver muitas tarefas típicas, são utilizados os seus conjuntos arquitecturais em vez de ITC individuais. A utilização de um conjunto arquitetónico de TIC reduz a intensidade do trabalho de desenvolvimento de novas TIC e desloca o centro de gravidade do trabalho da criação para a adaptação. A utilização de um conjunto arquitetónico de TIC torna necessária a integração das TIC incluídas no conjunto arquitetónico.

A integração dos STI no conjunto arquitetónico é realizada através de uma abordagem sistemática. A complementaridade [310] dos STI do conjunto é efectuada por meio de coordenação: análise lógica e análise comparativa.

O ITC cria uma solução tecnológica (TS), que tem um impacto num determinado objeto A. $\rightarrow$ Δ $\Rightarrow$ Utilizaremos as seguintes notações: - seguimento ou implicação; - mudança; - impacto. Na expressão (5.1-5.3), são dados os modelos de transformação e de impacto.

$$\text{ИТК} \rightarrow \text{TP} \Rightarrow \text{A} \quad (5.1)$$

$$(\text{TP} \Rightarrow \text{A}) \rightarrow \Delta \text{St(A)} \quad (5.2)$$

A expressão (5.1) diz que o ITC produz uma solução técnica que afecta o objeto A. A expressão (5.2) diz que o impacto no objeto A conduz a uma alteração do seu estado. Deve ter-se em conta que

$$\text{ИТК} \neq \text{ТР} \quad (5.3)$$

O modelo de construção da informação está a tornar-se um meio comum de concetualização e descrição de fenómenos em muitos domínios. Descreve processos e entidades. O modelo de conceção das tecnologias da informação é uma síntese das RI e das soluções tecnológicas. O ITC permite obter soluções tecnológicas generalizadas. O modelo de conceção das tecnologias da informação permite uma investigação mais aprofundada dos impactos e das interações da informação no domínio da informação. As arquitecturas ITC criam um conjunto de ferramentas de massa universal para a obtenção de soluções tecnológicas. Ao mesmo tempo, ajudam a obter uma estimativa da complexidade morfológica e semântica dos fenómenos do mundo circundante. As construções informáticas são a base da cognição do mundo circundante. O termo "construções informáticas" harmoniza o campo semântico dos conceitos e as relações terminológicas. O termo "construções informáticas" insere-se bem no domínio da teoria semântica da informação e contribui para o seu desenvolvimento.

5.3. Construir um algoritmo utilizando construções lógicas e informativas

A algoritmização com recurso à RI baseia-se na generalização da experiência na formação e aplicação de algoritmos e na construção de melhores algoritmos com base nessa experiência. Existem três direcções de construção: construção de algoritmos para a solução independente de problemas computacionais; construção de algoritmos para apoio de sistemas de informação; construção de algoritmos auto-desenvolvidos. No âmbito da teoria das categorias, um algoritmo pode ser considerado como um morfismo. E a construção de informação como um functor.

Os algoritmos de controlo têm como base construções semânticas (heurísticas) e lógicas e transformam as condições de decisão de entrada num conjunto de alternativas com base em funções analíticas e computacionais.

Os algoritmos interpretativos têm como base as regularidades reveladas do mundo circundante ou do campo de informação e transformam as regularidades objectivas em conjuntos de construções algorítmicas ou paradigmas. Um paradigma é uma interpretação e é um exemplo de generalização de um algoritmo. Pode ser considerado como uma simples construção de informação.

A semântica dos algoritmos de controlo pode diferir significativamente da lógica dos algoritmos computacionais. Inclui a emissão das acções de controlo necessárias em determinados momentos do tempo ou como reação a acontecimentos externos. Um algoritmo de controlo pode permanecer correto com uma execução infinita numa situação externa inalterada.

Uma das generalizações da aplicação de algoritmos é a solução do problema da escolha. O axioma da escolha é um dos princípios mais importantes da teoria dos conjuntos, segundo o qual, para qualquer família de conjuntos não vazios, existe uma função de escolha que atribui a cada conjunto um dos seus elementos (escolhendo exatamente um elemento de cada conjunto dessa família). Na teoria das categorias, este problema é resolvido pelo morfismo. O axioma da escolha é um princípio da teoria dos conjuntos, segundo o qual, para cada família de conjuntos não vazios, existe uma função de escolha que corresponde a cada conjunto pelo seu elemento.

Deste ponto de vista, o algoritmo é o princípio da escolha, segundo o qual, para cada condição ou situação de informação, existe uma função de transformação que coloca uma solução em correspondência com cada condição ou situação de informação

Assim, a resolução do problema da escolha com a utilização de algoritmos conduz ao conceito de situação de informação como base da condição para a formação de um algoritmo e como base das condições para o seu funcionamento.

5.4. Situação algorítmica da informação

O modelo de situação da informação surgiu como uma necessidade para resolver problemas de controlo dinâmico [311, 312]. Atualmente, a modelação da informação é amplamente utilizada na gestão. A base da modelação da informação é um modelo de informação. De acordo com [313], um modelo de informação é uma representação formalizada de um objeto ou sistema existente através de um sistema de parâmetros inter-relacionados, identificáveis e informativamente definidos. O desenvolvimento de métodos de gestão e de situações de gestão implica a necessidade de introduzir novos modelos de informação que melhorem a qualidade da gestão. Estes modelos incluem modelos de situação de informação e de posição de informação.

No domínio da gestão, a gestão situacional está a desenvolver-se entre diferentes escolas de gestão. O desenvolvimento conjunto das ideias destas direcções conduz ao conceito de situação de informação como um novo modelo de informação. No desenvolvimento do conceito [313], o modelo de situação de informação ou situação de informação é uma representação formalizada e intencional da situação existente, na qual o objeto ou sistema de investigação se encontra, com a ajuda de um sistema de parâmetros inter-relacionados, identificáveis e informativamente definidos

A peculiaridade da situação de informação é que a sua construção utiliza a descrição e o conteúdo do microambiente, que inclui o objeto em estudo (Fig. 5.5). A Fig. 5.5 mostra um modelo alargado da situação de informação. O principal objetivo da representação deste modelo é a possibilidade de comparação com o modelo de construção da informação da Fig. 5.2.

Figura 5.5. Modelo da situação de informação

O modelo de uma situação de informação não é um modelo de objeto, mas um modelo múltiplo. Não se destina a descrever um único objeto, processo, fenómeno ou outra entidade, mas a descrever a interação de objectos [314] num determinado microambiente. Uma situação de informação é um modelo primário, ou seja, situa-se num nível de abstração inferior ao de uma construção de informação.

O modelo de uma situação de informação não é um modelo de objeto, mas um modelo complexo. Destina-se a descrever não um objeto, um processo ou um fenómeno separado, mas um complexo de objectos pertencentes a diferentes classes e a diferentes qualidades. O modelo de uma situação de informação não é um modelo de classe, mas um modelo interclasses. Um modelo de uma situação de informação inclui não só uma descrição de um conjunto de objectos, mas também uma descrição do microambiente em que estes objectos ou processos existem. Por esta caraterística, é um modelo aberto ou um sistema aberto em comparação com uma construção de informação.

A situação de informação deve ser considerada um modelo do microambiente real, reflectindo as interações de informação do sistema (objeto) em estudo neste microambiente. A descrição da situação de informação deve incluir:

- Uma descrição das metas e objectivos actuais do sistema;
- Uma descrição das necessidades actuais de informação do sistema;
- Descrição dos recursos de informação disponíveis e da situação atual no que se refere ao sistema, incluindo os estados e a natureza das acções do sistema e dos sistemas em interação;
- descrição dos estados de correspondência de informação entre os elementos do sistema;
- descrição do estado da interação da informação e dos processos de cooperação

no sistema;

- descrição da natureza e do conteúdo dos impactos da informação externa sobre o sistema e dos impactos da informação interna sobre os elementos do sistema.

A situação da informação, bem como a construção da informação, utilizam unidades de informação como base para a sua construção. A aplicação de modelos de situação da informação melhora a qualidade da gestão de um determinado sistema. A aplicação de modelos de conceção da informação melhora a qualidade da análise de um determinado sistema e efectua a transferência de conhecimentos interdisciplinares. Os modelos de situação da informação e de conceção da informação são novos modelos de informação que permitem resolver novos problemas. Os modelos de situação da informação e de conceção da informação complementam-se e permitem resolver em profundidade os problemas de gestão, análise e descrição do mundo circundante.

CAPÍTULO 6

6. Lógica probabilística na construção de algoritmos

Os algoritmos probabilísticos no processamento de informação, no ensino, na cognição e nos testes utilizam a lógica probabilística. A lógica probabilística avalia [60, 63, 70, 75] a veracidade de afirmações com valores no intervalo ($0<x<1$) [315, 196]. Quando se utiliza a lógica probabilística, é adicionalmente necessário estipular qual a lógica de base utilizada na lógica probabilística. Se a lógica subjacente for binária, são utilizados dois valores lógicos: "verdadeiro" e "falso". Para a lógica ternária, um terceiro valor, "incerteza", é adicionado aos dois valores. O que é importante para a lógica probabilística é o facto de analisar as afirmações. Ao mesmo tempo, não são considerados enunciados lógicos: frases interrogativas (incerteza total); definições; expressões indefinidas sobre as quais é impossível dizer sem ambiguidade se são verdadeiras ou falsas. Não se pode tirar uma conclusão de uma pergunta, tal como não se pode tirar uma conclusão de uma única premissa. As definições são expressões identicamente verdadeiras. As expressões indefinidas requerem informações adicionais para determinar o domínio de existência de uma função ou expressão lógica na qual o domínio de verdade pode ser encontrado. Um enunciado pode ser visto como uma unidade de informação. Como unidade de informação, um enunciado pode ser simples ou composto. É simples se não incluir outros enunciados.

Este é um exemplo de indivisibilidade do sistema. Por vezes, a lógica probabilística é considerada como um tipo de indução. Isto deve-se ao facto de a relação entre as unidades do raciocínio indutivo poder ser avaliada através da probabilidade. O valor de uma dada probabilidade pode ser quantificado quantitativamente ou qualitativamente (mais, menos, muito, mais). Para a lógica probabilística, podemos introduzir o conceito de unidade lógica probabilística. Uma unidade lógica probabilística é uma afirmação simples que se caracteriza pela probabilidade de realização dessa afirmação.

A lógica probabilística (PL) está relacionada com a lógica probabilística pragmática (PPL). Na LPP, o conceito de probabilidade é utilizado para analisar aspectos pragmáticos da investigação (lógicas probabilísticas de ação, lógicas probabilísticas de escolha, lógicas probabilísticas de mudança, lógicas probabilísticas de preferência, lógicas probabilísticas de avaliação, lógicas probabilísticas de teste).

O objetivo do raciocínio probabilístico é combinar a propriedade da teoria das probabilidades de lidar com a incerteza com a capacidade da lógica dedutiva de utilizar a estrutura de um argumento formal. O resultado é um formalismo mais rico e expressivo, com uma vasta gama de aplicações possíveis

6.1. A evolução da lógica probabilística.

O termo "lógica probabilística" foi utilizado pela primeira vez num artigo de Nils

Nilsson publicado em 1986, em que os valores de verdade das frases são probabilidades [315]. Existem muitas implementações da lógica probabilística. Grosso modo, elas podem ser divididas em duas classes diferentes. A primeira classe é formada por lógicas que tentam fazer uma extensão probabilística de uma ligação lógica, como as redes lógicas de Markov. A segunda classe é constituída por lógicas que tentam resolver os problemas da incerteza e da falta de provas (lógicas de prova).

Quando se utiliza a lógica probabilística, a pedra angular é o facto de a probabilidade e a incerteza serem entidades diferentes e não poderem ser equiparadas. Com base nisto, chegamos a um tipo de lógica probabilística chamada lógica probatória. Na lógica probatória, é necessário distinguir a verdade de uma afirmação da certeza da sua verdade: assim, a incerteza sobre a culpa de um suspeito não é o mesmo que atribuir uma probabilidade numérica de cometer um crime.

A lógica probabilística tem em conta a noção de semântica, que a lógica vulgar não considera. A generalização semântica induz uma integração lógica probabilística que se reduz à implicação lógica vulgar, em que as probabilidades de todas as proposições são 0 ou 1. Esta generalização aplica-se a qualquer sistema lógico para o qual a consistência de um conjunto finito de proposições possa ser estabelecida.

É bastante "lógico" que uma secção da lógica probabilística seja a "lógica subjectiva". O conceito central na teoria da lógica subjectiva [317] é o de opiniões sobre algumas variáveis proposicionais incluídas em determinadas proposições lógicas. Uma opinião binomial refere-se a uma única proposição e é representada como uma extensão tridimensional de um único valor de probabilidade para exprimir diferentes graus de ignorância sobre a verdade da proposição.

Para calcular as opiniões derivadas com base na estrutura das opiniões argumentativas, a teoria propõe operadores apropriados para vários conectivos lógicos, como, por exemplo, a multiplicação (E), a multiplicação (OU), a divisão (UN-AND) e a divisão (UN-OR) de opiniões, bem como a dedução condicional (MP) e a abdução (MT) [57].

A lógica difusa é outro exemplo de concretização da lógica probabilística. O formalismo de raciocínio aproximado proposto pela lógica difusa pode ser utilizado para obter uma lógica em que os modelos são distribuições de probabilidade. Numa lógica deste tipo, a questão da consistência da informação disponível está estritamente relacionada com a questão da ligação probabilística parcial.

As redes de Markov pertencem ao domínio da lógica probabilística. As redes de Markov podem ser vistas como sequências de sequências ou cadeias lógicas. As redes lógicas de Markov implementam uma forma de inferência incerta baseada no princípio da máxima entropia - a ideia de que as probabilidades devem ser atribuídas de forma a maximizar a entropia, de forma análoga à forma como as

cadeias de Markov atribuem probabilidades às transições de um autómato finito.
Os sistemas não axiomáticos também pertencem à lógica probabilística. Sistemas como o Sistema de Raciocínio Não-Axiomático (NARS) de Pei Wang ou as Redes Lógicas Probabilísticas (PLN) de Ben Goertzel acrescentam uma classificação explícita da confiança, bem como a probabilidade das unidades lógicas e das proposições. As regras de dedução e indução incorporam esta incerteza, contornando assim as dificuldades das abordagens puramente bayesianas da lógica (incluindo a lógica de Markov) e evitando os paradoxos da teoria de Dempster-Shafer. A implementação do PLN tenta utilizar e generalizar os algoritmos da programação lógica para ter em conta estas extensões

A teoria do raciocínio probabilístico é um ramo da lógica probabilística. Na teoria do raciocínio probabilístico [318], as probabilidades não estão diretamente relacionadas com as proposições lógicas. σ-Em vez disso, assume-se que um determinado subconjunto W de variáveis V define um espaço de probabilidade sobre a correspondente -álgebra . Isto induz duas medidas de probabilidade diferentes em relação a W V , que são designadas por grau de suporte e grau de probabilidade, respetivamente. Os graus de apoio podem ser vistos como probabilidades não aditivas de provabilidade , que generalizam as noções de consequência lógica ordinária V e de probabilidades posteriores clássicas para V = W.

Esta secção mostra, em princípio, a aplicação da PL em diferentes direcções e, consequentemente, a sua importância para o raciocínio prático e a construção de algoritmos. Vamos enumerar brevemente os domínios de aplicação da lógica probabilística: teoria da argumentação; inteligência artificial; inteligência geral natural; bioinformática; epistemologia formal; teoria dos jogos; filosofia da ciência; psicologia; estatística; reconhecimento de padrões e outros. Todos os domínios acima referidos contêm informação cognitiva e são relevantes para a investigação do presente documento.

6.2. Testes probabilísticos.

O teste probabilístico utiliza a lógica algorítmica para análises qualitativas e comparativas. É possível introduzir o conceito de situação lógica e de unidade lógica [319], o que alarga o campo de estudo e as possibilidades de análise. Uma situação lógica pode ser analisada de forma autónoma e em conjunto com um grupo de situações lógicas, o que tem implicações para o ensino e para os testes. O método de análise de grupo ou granular de situações lógicas permite reduzir as avaliações unitárias de estruturas lógicas complexas a um conjunto de avaliações de grupo. Em certa medida, esta metodologia baseia-se na teoria dos sistemas ergódicos e do processamento ergódico da informação.

A ergodicidade é uma propriedade dos sistemas dinâmicos, que consiste no facto de, no processo de desenvolvimento, cada estado se aproximar de qualquer outro

estado do sistema com uma certa probabilidade. Um sistema em que as médias de fase coincidem com as médias temporais é chamado ergódico.
Recorde-se que, dado um tempo de observação suficiente ou estatísticas suficientes, os sistemas ergódicos podem ser descritos por métodos estatísticos. Preliminarmente, é necessário provar a ergodicidade de um dado sistema. A condição dos processos ergódicos é que uma instância de um processo num intervalo é equivalente a todo o conjunto de realizações do processo. Os processos de tratamento da informação nos sistemas de informação são ergódicos. Os processos de avaliação no domínio da educação são ergódicos. Este facto permite avaliá-los estatisticamente.
Por exemplo, o nível de preparação de um grupo é uma medida do desempenho médio desse grupo. Para os sistemas ergódicos, a expetativa matemática sobre as séries temporais coincide com a expetativa matemática sobre as séries espaciais. Para calcular os parâmetros de um sistema ergódico, pode-se observar o comportamento de um dos seus elementos durante um longo período de tempo, ou considerar todos os seus elementos (ou um grande número de elementos) num período de tempo muito curto. Em ambos os casos, obter-se-ão os mesmos resultados se o sistema tiver a propriedade de ergodicidade. Estes sistemas são grupos de estudo.
Os algoritmos de teste utilizam frequentemente uma lógica probabilística. Por tradição, fala-se de avaliação estatística nos testes. A segunda razão para não utilizar a lógica probabilística na educação e no tratamento da informação educativa é o desconhecimento generalizado da teoria da lógica probabilística entre os educadores. Isto não se aplica aos membros dos Conselhos de Dissertação. Consoante o aspeto a considerar, é possível fazer uma gradação diferente dos métodos de teste.
De acordo com o tipo de atividade, é feita uma distinção entre testes passivos, semi-activos e activos. De acordo com o princípio da organização dos testes, existem testes normativos e testes livres. No domínio da educação, a maior parte dos testes são normativos. A aprovação num teste normativo implica a análise da tarefa e a subsequente procura de uma resposta a uma pergunta normativa. Este tipo de testes reduz-se à procura de informação sobre respostas normativas em livros de referência e manuais escolares. Exclui o processo criativo. Mas estes testes reduzem a carga de informação do professor. Com este tipo de testes, um professor de química pode aceitar testes de física. Um funcionário municipal (que não tem formação académica) pode fazer um teste de biologia e assim por diante. O professor que faz o teste tem as respostas às perguntas. Ele não compreende o significado das respostas, mas sabe ler. A presença de uma coincidência entre a resposta do aluno e a resposta normativa dá uma avaliação positiva. Essencialmente, este tipo de teste é formalmente comparativo, uma vez que a

classificação é dada com base numa correspondência formal entre a pergunta e a resposta. A correspondência é fornecida por um especialista, enquanto um não especialista utiliza os conhecimentos de um especialista. Existem também métodos complexos de avaliação dos resultados da aprendizagem que incluem diferentes métodos de avaliação.

6.3. Testes individuais e em grupo

Os testes e o tratamento ergódico [320-323] utilizam efetivamente a lógica probabilística e a hipótese de uma componente ergódica do conhecimento. Pressupõe grupos de alunos com capacidades de perceção, análise e reprodução de conhecimentos aproximadamente iguais no seio de um grupo e diferenças nestes indicadores para os diferentes grupos.

Os testes são geralmente efectuados através do método de perguntas e respostas. Os testes podem ser realizados de duas formas: auto-monitorização e exame. A diferença entre eles é que, no autocontrolo, é mostrada ao aluno a resposta correta a uma pergunta, caso ele cometa um erro na resposta. Num exame, a resposta correta não é mostrada. A pergunta e as opções de resposta podem conter texto e um gráfico (em conjunto ou apenas um deles). A imagem pode ser estática ou animada. Além disso, as variáveis de oposição são frequentemente utilizadas nos testes. As variáveis de oposição são essencialmente variáveis lógicas que têm dois valores "verdadeiro"/"falso". Por vezes, a análise de oposição é combinada com a análise correlacional, que fornece informações adicionais sobre o resultado do teste. As perguntas dos testes podem ser de três tipos:

Pergunta de opção única - existem várias opções de resposta, das quais apenas uma pode estar correta;

Pergunta multivariada - existem várias opções de resposta, das quais podem existir várias ou mesmo todas as respostas corretas;

pergunta aberta - o aluno deve introduzir a resposta a partir do teclado (conveniente para introduzir respostas numéricas; por exemplo, para a pergunta "Qual é a variância de uma constante?", a resposta é 0 - o aluno deve introduzi-la ele próprio, e não escolher a partir de uma lista de opções).

Normalmente, o teste não é classificado. São registados o número de perguntas feitas, o número de respostas corretas e o tempo necessário para completar o teste. Com base nestes dados, o professor atribui uma classificação. Em muitos países e na Rússia [202], o modelo Rasch de um parâmetro (1PL) é utilizado para avaliar o nível de preparação do aluno e a dificuldade das tarefas.

$$\Pr\{X = 1 \mid \beta, b\} = \frac{e^{\beta-b}}{1+e^{\beta-b}} \qquad (1)$$

β Na expressão (6.1), b e são variáveis independentes para a primeira e segunda funções, respetivamente; X- *é uma* variável dicotómica com o valor 0 ou 1. θ Em muitas variantes, o símbolo é utilizado em vez de b.

b (θ) β Há dois parâmetros neste modelo: é o nível de dificuldade e é o nível de conhecimento quando se responde ao teste. θ. β A variável pode ter qualquer valor [203] ou . Neste caso, a outra é considerada uma constante. No primeiro caso, a probabilidade de completar corretamente a j-ésima tarefa do teste ***Pj*** é uma função crescente da variável. Quanto mais elevado for o nível de conhecimentos do candidato, maior será a probabilidade de realizar corretamente a ***j-ésima*** tarefa do teste. A Fig. 6.1 apresenta a curva caraterística do ***j-ésimo*** item do teste, mostrando a relação entre os valores da variável independente 0 e os valores de *Pj*.

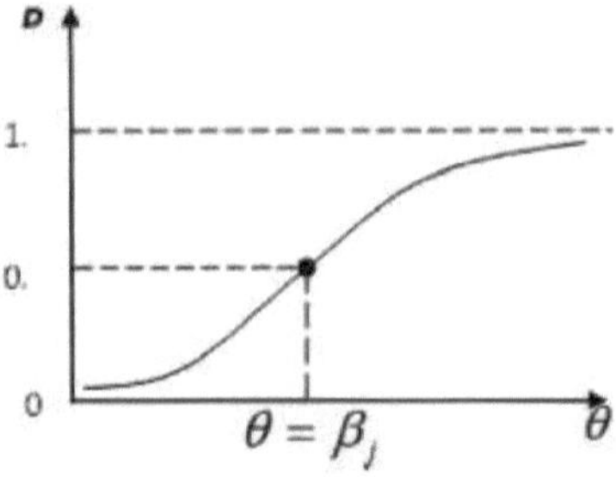

Fig.6.1 Curva caraterística do grupo de teste j-ro.

θ=βj, O ponto de inflexão da curva caraterística corresponde ao valor e *Pj* neste ponto é igual a *0,5.* Assim, um examinando com um nível de conhecimentos igual à dificuldade da ***j-ésima*** tarefa do teste responderá corretamente com uma probabilidade de *0,5.* βj Para os examinandos com níveis de conhecimento muito superiores a -th, ***a*** probabilidade de uma resposta correta tende para um. θ=βj Se o valor 0 se situar suficientemente longe do valor e à esquerda do ponto de inflexão, a probabilidade de resposta correta à ***j-ésima*** tarefa do teste tenderá para zero. Aumentar a dificuldade da ***j-ésima*** tarefa de teste numa constante ***c (c*** > **0)** fará com que a curva caraterística se desloque para a direita. θ + ***c.*** θ- β = (θ+c)- (β -c), ***Pj*** (θ) Com a mesma probabilidade, o candidato com o mesmo nível de conhecimentos responderá a esta tarefa mais difícil. Uma vez que , os valores da função não se alteram.

β. A probabilidade de ***o i-ésimo*** examinando completar corretamente as tarefas ***Pi*** de dificuldade diferente é uma função decrescente da variável . Isto significa que, à medida que a dificuldade das tarefas aumenta, os valores da probabilidade diminuem. O gráfico da função ***Pi*** é designado por curva individual do ***i-ésimo*** examinando (Fig. 6.2). θ=β, No ponto de inflexão da curva correspondente ao valor da variável independente , a função *Pi* assume o valor $Pi = 0,5$. No processo de aprendizagem, à medida que os conhecimentos são acumulados, a curva individual de um examinando desloca-se para a direita. Existe uma relação correlativa entre os conhecimentos e a dificuldade do teste

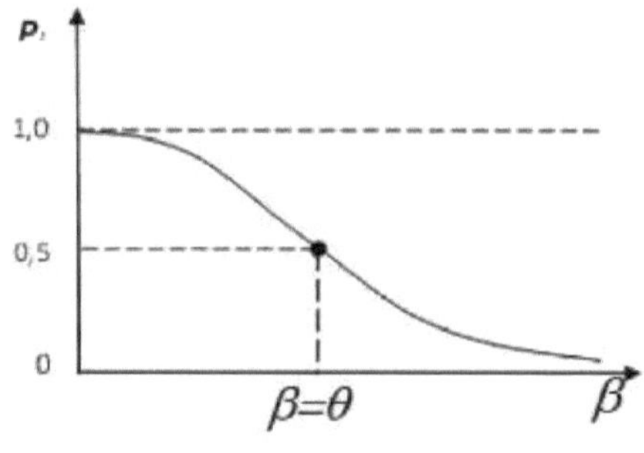

Figura 6.2. Curva individual do ensaio i-ro.

Para construir curvas caraterísticas dos itens do teste e curvas individuais dos examinandos, é necessário conhecer os valores dos parâmetros 0 e 0. A estimativa dos parâmetros é efectuada com base no pressuposto da normalidade das distribuições dos dados dos testes empíricos, tanto para um conjunto de examinandos como para um conjunto de itens. Assume-se também que os valores das variáveis latentes têm uma distribuição normal. θ β. No processo de desenvolvimento do teste, temos de estimar ambos os parâmetros: e . θ No caso de se utilizar um teste já preparado, com valores estáveis conhecidos do parâmetro de dificuldade expresso em logits, a tarefa reduz-se a estimar apenas o parâmetro . A estimativa inicial do nível de conhecimentos do ***i-ésimo*** participante no teste, em logits, é obtida pela fórmula

$$\theta^0 i = \ln(p_i/q_i) \quad i=1,2,\ldots N \quad (6.2)$$

em que ***N é o*** número de examinandos; *pi é a* proporção de respostas corretas do ***i-ésimo*** examinando a todos os itens do teste; *qi*- respetivamente, a proporção de respostas incorrectas, com $p_i = 1 - q_i$. [0]Do mesmo modo, o valor inicial do parâmetro Pj em logits é definido como

$$\beta_j^0 = \ln\frac{q_j}{p_j}, \quad j = 1, 2, \ldots, n(3) \ (6.3)$$

em que *n é o* número de itens;. *pj* - *a* percentagem de respostas corretas de todos os examinandos do grupo à ***j-ésima*** tarefa do teste; ***qj* - *a*** percentagem de respostas incorrectas, com ***pj* = *1* - cf**

Teoricamente, os valores dos parâmetros 0 e p. podem variar no intervalo $(-\infty,+\infty)$, T.e $-\infty < \theta < +\infty$ $-\infty < \beta < +\infty$. sim e da mesma forma . $\beta <$ -Mas praticamente a 6 valores de p_i são próximos de um (p_i = 0,999...). Toda a gente lida com estas tarefas no teste, que acabam por ser simplesmente supérfluas. $\beta > 6.$ Igualmente inúteis são as tarefas em . Nem um único participante do grupo consegue realizar estas tarefas e elas não fornecem qualquer informação sobre as diferenças de conhecimento dos alunos. θ O raciocínio é semelhante para .

θ β. Esta etapa da estimação de parâmetros e . é considerada como a inicial. Após a sua conclusão, os valores de cada um dos parâmetros serão expressos numa escala de intervalos, mas com valores médios e desvios-padrão diferentes. Na segunda etapa, os valores iniciais dos logits dos níveis de conhecimento e dos logits da dificuldade da tarefa são resumidos numa escala de intervalos.

θi^0 θ A fórmula para esta conversão artificial de valores para contém a ideia de destruir o efeito da influência da dificuldade da tarefa nas classificações dos testes dos alunos. Nesta fase, as pontuações do parâmetro 0 em logits são calculadas pela fórmula

$$\theta i = \bar{\beta} + X \theta^0 i \;) \quad i=1,2,\ldots N$$

$$^2\text{Em que } X = (1 + W / 2{,}89)^{V2}$$

$\bar{\beta}$– β; *W é* o desvio-padrão da distribuição dos valores iniciais do parâmetro; *N é o* número de examinandos. Esta fórmula permite obter uma avaliação objetiva do nível de conhecimentos de cada examinando, que não depende da dificuldade das tarefas incluídas no teste. Com base nestas estimativas, é possível comparar corretamente os níveis de conhecimentos dos examinandos que realizaram tarefas de teste diferentes em termos de dificuldade e mesmo testes diferentes.

θ β. Uma técnica artificial semelhante é utilizada para eliminar a influência do valor médio dos logits dos níveis de conhecimento e do desvio padrão sobre o conjunto de valores iniciais da variável aquando da estimativa do parâmetro . β. O valor objetivo da variável i para a *j-ésima* tarefa de teste pode ser encontrado pela fórmula

$$\theta i = \bar{\beta} + X \theta^0 i \;) \quad i=1,2,\ldots N$$

$$\text{Где } X = (1 + W^2 / 2.89)^{V2}$$

$\bar{\theta} - \theta$ valor médio dos logitos dos níveis de conhecimentos; *V*- desvio-padrão da distribuição dos valores iniciais do parâmetro; *n* - número de tarefas do teste. β. Esta fórmula permite obter estimativas estáveis do parâmetro , que não dependem das propriedades da amostra de examinandos. θ β. Depois de estimar os valores de e na escala logit, procede-se à construção de curvas caraterísticas dos itens do teste. A análise do seu arranjo mútuo permite-nos delinear as formas de melhorar ainda mais o teste e formar um sistema de tarefas para a avaliação objetiva dos conhecimentos de cada examinando da amostra. Para este efeito, em primeiro lugar, devem ser eliminadas do teste as tarefas desnecessárias. Se as curvas caraterísticas se sobrepuserem umas às outras, um dos itens deve ser deixado e os restantes devem ser retirados, uma vez que não contribuem em nada para o teste enquanto conjunto de itens de trabalho de dificuldade crescente.

θ Deve ser dada mais atenção aos intervalos do eixo onde não existem curvas caraterísticas. θ No teste, é necessário acrescentar tarefas que correspondam em dificuldade aos intervalos selecionados no eixo da variável latente. Idealmente, as curvas caraterísticas devem preencher mais ou menos uniformemente quase todo o intervalo (-6; +6) da escala logit. β.E deveria haver muito mais tarefas de dificuldade média do que nas extremidades da distribuição de valores. No entanto, isto conduzirá a um aumento injustificado da duração do teste e, em última análise, tornará o teste ineficaz. Por conseguinte, a decisão de eliminar as tarefas desnecessárias e acrescentar as que faltam ainda não é definitiva. Pode ser considerada apenas como uma fase preliminar na criação do teste, razoável após a recolha inicial de dados empíricos, quando o número de itens no teste é muito maior do que o planeado e concebido apenas para esse trabalho preliminar.

É necessária uma análise mais aprofundada da população do teste para tomar uma decisão mais informada. O mesmo item pode ser eficaz e ineficaz para medir diferentes valores 0. Por conseguinte, não existe um modelo único ótimo para a seleção dos itens do teste. θ A modelização proposta permite minimizar o erro padrão de medida deste valor, selecionando as tarefas para a avaliação deste valor de forma orientada.

O modelo Rasch de um parâmetro não é suficiente para uma solução completa do problema. Este facto deve-se a certas restrições impostas à inclinação das curvas caraterísticas das tarefas no âmbito deste modelo. Em particular, assume-se que é a mesma para todas as curvas, o que, naturalmente, proporciona uma certa simplicidade nas aplicações práticas do modelo de Rasch, mas ao mesmo tempo é uma desvantagem. Esta desvantagem é particularmente notória quando se tem de privilegiar uma curva de igual dificuldade. Se a análise for efectuada sem o envolvimento de um modelo de dois parâmetros, é fácil tomar uma decisão errada e reduzir significativamente a fiabilidade e a validade do teste, eliminando as tarefas com curvas caraterísticas mais acentuadas e deixando as que têm curvas mais planas.

Além disso, os tempos de resposta para cada pergunta são tidos em conta ao resumir os resultados. À medida que o tempo de resposta aumenta, a pontuação diminui. A pontuação de cada pergunta é calculada utilizando a fórmula:

$$K_\alpha^i = 1 - (to - tmax)/100$$

Se $K_\alpha^i > 1$, то $K_h^i = 1$

Se $K_\alpha^i < 1$, то $K_l^i = 0$

K_α^i - $K_\alpha^i \in \{0, 1\}$; onde: pontuação da pergunta atual; para - tempo para responder à pergunta;

tmax é o tempo máximo durante o qual não ocorre qualquer redução de nota. O tempo tmax é definido para permitir que o aluno leia a pergunta e as opções de resposta e selecione a resposta correta. O padrão é 15 segundos, mas pode ser ajustado a critério do instrutor. K_α^i Uma pontuação de é calculada para cada pergunta.

aApós o teste, o coeficiente global de aprendizagem do material é calculado (na realidade, é o coeficiente K) de acordo com a fórmula:

$$K_\alpha = \frac{\sum_{i=1}^{n} K_\alpha^i}{n},$$

em que n é o número de perguntas efectuadas.

aConsequentemente, o valor resultante de K pode ser diferente do valor obtido dividindo o número de respostas corretas pelo número total de perguntas feitas, se o aluno demorar muito tempo a pensar em responder às perguntas. Isto é para ter em conta a possibilidade de o aluno não responder às perguntas de forma independente: o aluno pode passar muito tempo a procurar a resposta no manual e, mesmo assim, acabar com uma pontuação baixa, mesmo que tenha respondido corretamente a todas as perguntas. Por outro lado, se o aluno não utilizou os avisos mas passou muito tempo a pensar nas respostas, isso significa que não aprendeu suficientemente bem a teoria e, consequentemente, mesmo que as respostas estejam corretas, a nota será mais baixa. Cada pergunta está associada a um tópico teórico. Após o teste, é determinada uma taxa de aprendizagem para cada tópico através da pontuação das perguntas. Os tópicos com uma taxa de aprendizagem inferior a 0,7 são propostos ao aluno para serem estudados de novo.

Os lógicos probabilísticos tentam encontrar uma extensão natural das tabelas de verdade lógicas tradicionais: em vez disso, os resultados que definem são inferidos utilizando expressões probabilísticas. A dificuldade das lógicas probabilísticas é que tendem a multiplicar as complexidades computacionais das suas componentes probabilísticas e lógicas. Outras dificuldades incluem a possibilidade de resultados inconsistentes.

O modelo de Rasch é um modelo no domínio da lógica probabilística. O modelo Rasch de um parâmetro é o mais simples da teoria da resposta ao item [188].

Metodologicamente, esta teoria dos testes baseia-se na existência de uma interação de informação ergódica entre o teste e o aluno. Podem ser utilizados diferentes métodos de avaliação de testes para a interação de informação, incluindo a abordagem sistemática [324]. A ideia principal do método logit é justificar a correlação entre as respostas dos alunos do mesmo grupo e do mesmo fluxo na aprendizagem dos conhecimentos da matéria estudada. Parte-se do princípio de que as respostas aos testes não são aleatórias, mas estão correlacionadas com o nível geral de conhecimentos. A segunda correlação é considerada como sendo a dependência da dificuldade do teste em relação ao nível de preparação. A essência tecnológica do método é que as respostas de um conjunto de examinandos a um conjunto de itens de teste são previstas com base em modelos matemáticos na presença de uma matriz de pontuações iniciais de teste obtidas empiricamente *Xij*, em que o índice *i* indica o número do examinando e o índice *j* indica o número do item. São permitidos diferentes intervalos para as classificações. A ideia de pontuação é semelhante ao modelo Rasch apresentado acima na secção sobre testes adaptativos. A medida da dificuldade da tarefa. - são os valores *ln qj/p* corrigidos durante o processo de escalonamento. É esta medida que é considerada como a medida final da dificuldade da tarefa. Na teoria logit, chama-se o parâmetro de dificuldade da tarefa. O valor *ln qj/p*. é ajustado para construir uma escala comum (unificada) do nível de dificuldade da tarefa e do nível de proficiência dos participantes no teste. Trata-se de um processo de escalonamento [205, 206] efectuado com recurso a vários pacotes estatísticos. Os valores ajustados de *ln pi/qi* são designados por parâmetro de preparação do candidato no número *i*. Todos os modelos logísticos podem ser utilizados para testar conhecimentos ou para investigar processos que são descritos por curvas logísticas. Quanto mais simples for o modelo, mais fácil é a sua utilização na prática, porque neste caso é necessário encontrar um número mais reduzido de parâmetros. No entanto, para testes qualitativos, é necessário utilizar um maior número de parâmetros.

CAPÍTULO 7

7. Justificação lógica

7.1. Sequências lógicas

Consequência lógica e sequência lógica são conceitos diferentes e modelos diferentes. A consistência lógica é um modelo descritivo. A consequência lógica é um modelo prescritivo. A lógica formal tem duas tarefas principais: a procura da verdade das afirmações; a formação da consequência lógica, cuja noção semântica foi introduzida por Tarski em 1936. A consequência lógica é uma cadeia que utiliza as relações lógicas existentes entre as premissas e as conclusões. Num domínio da informação, estas são descritas por relações de informação. O conceito de consequência lógica nem sempre permite uma definição exacta. Em alguns casos, a sua descrição com a ajuda dos termos modais "aparentemente", "segue" e outros semelhantes contém um círculo implícito, porque são sinónimos da palavra "segue".

A existência de algoritmos diretos e de algoritmos de primeiro tipo já foi referida anteriormente. Todos os procedimentos computacionais são efectuados com base em algoritmos do primeiro tipo. Por conseguinte, a análise de qualquer processamento de informação reduz-se à construção de um sistema complexo de algoritmos, que consiste em algoritmos elementares do primeiro tipo. Existe um conceito de unidades de informação. Na teoria do tratamento da informação, há todas as razões para introduzir a noção de unidades de informação algorítmica. Durante a transição para a análise lógica, as unidades de informação algorítmica são transformadas em esquemas lógicos simples, que servem de base para a criação de esquemas algorítmicos complexos. O princípio da criação de esquemas lógicos simples e de unidades de informação algorítmica é o princípio da sucessão lógica introduzido por Tarski.

O conceito de consequência é geralmente caracterizado pela especificação das relações de um conceito lógico com outro conceito lógico e, sobretudo, com os conceitos de regularidade lógica e modelo lógico. De acordo com a axiomática, a consequência lógica exclui a indeterminação, a modalidade e as proposições interrogativas. Num sentido restrito, por vezes erróneo, a consequência lógica é designada por implicação. Uma implicação é uma conjunção ou afirmação lógica A B que só é falsa quando A é verdadeira e B é falsa. A noção semântica de consequência lógica foi introduzida por Tarski em 1936. Definição formal de consequência lógica

$$(A1, ..., An) \models B$$

Definição semântica de consequência lógica: a partir das premissas (A1, ..., Ap), uma afirmação B segue-se logicamente se não for possível que as afirmações A1, ..., Ap sejam verdadeiras e a afirmação B seja falsa (ou seja, se B for verdadeira em qualquer modelo em que A1, ..., Ap sejam verdadeiras). A caraterística distintiva da consequência lógica é o facto de conduzir de afirmações verdadeiras apenas a afirmações verdadeiras. Se considerarmos a tabela verdade da implicação (Tabela 7.1), há apenas uma linha correspondente à consequência lógica.

Tabela 7.1. Tabela de verdade para a implicação

A	B	A→B
0	0	1
0	1	1
1	0	0
1	*1*	*1*

A sucessão lógica no Quadro 7.1 é apresentada em itálico e a negrito. Todas as outras linhas não são sucessões lógicas. A essência do seguimento lógico é a preservação da verdade em todos os casos. Este princípio é fundamental para a construção de algoritmos.

$\models$ $\vdash$ Para a sucessão lógica existe um símbolo de dedutibilidade, que é próximo em letra e significado. $\models \Gamma, \Delta \subseteq Fm$ и $A, B \in Fm$: A relação clássica de sucessão lógica entre subconjuntos do conjunto de fórmulas Fm e elementos de Fm satisfaz três condições PARA todos os subconjuntos de fórmulas :

$A \in \Gamma \Rightarrow \Gamma \models A$ (reflexividade),

$\Gamma \models A$ и $\Gamma \subseteq \Delta \Rightarrow \Delta \models A,$ (monotonia),

$\Gamma \models A; \Gamma, A \models B, \Rightarrow \Gamma \models B$ (transitividade ou seccionalização).

Diferentes interpretações do conceito de consequência lógica conduzem a diferentes sistemas lógicos e a novas direcções não clássicas na lógica. Eis um exemplo. $\models$ Seja uma relação de consequência lógica. $\{A, \neg A\} \models B).$ Chamemos-lhe sobredimensional se satisfizer a condição de que, para quaisquer fórmulas *A* E *C,* DE *A* E ***não-A*** segue-se ***c*** (simbolicamente: a lógica clássica, a lógica intuicionista, a lógica multivalorada de Lukasiewicz e a maioria das outras lógicas são sobredimensionais. Uma lógica é chamada paraproposicional se e só se a sua relação de consequência lógica não for sobredimensional.

7.2. Analisar situações estereotipadas

A construção de um algoritmo é precedida pela formulação do problema em linguagem natural. A transformação do problema da linguagem natural para a linguagem formal pode ser considerada como um algoritmo de transformação, que pertence aos algoritmos do quinto grupo.

O enunciado de um problema inclui condições, que podem ser consideradas como uma situação de informação. Muitas vezes, as condições e a situação são descritas por informação textual, a que se chama conteúdo. Assim, neste caso, a construção de um algoritmo está associada à passagem de um registo textual para um registo formal lógico ou funcional. Nesta formalização, é necessário observar a correspondência de informação entre a estrutura lógica e a estrutura funcional.

Os algoritmos diretos de análise das situações de base são esquemas lógicos elaborados a partir da linguagem natural em termos de unidades lógicas de informação ou de enunciados lógicos elementares.

A estrutura lógica e a estrutura funcional estão relacionadas e permitem criar dois esquemas relacionados: lógico e computacional. Estes esquemas estão lógica, informativa e funcionalmente ligados se for observada a correspondência de informação. O esquema lógico serve de base para a verificação e avaliação da lógica de processamento. O esquema computacional (funcional) realiza os processos de processamento e a tecnologia de transformação da informação. Os esquemas são construídos com base na análise lógica do conteúdo (Fig. 7.1).

Fig.7.1 Esquema de formação do algoritmo.

A situação de informação inicial é sempre especificada implicitamente por meio de linguagem natural e é um modelo de declaração ou de fixação de factos. Uma tal situação de informação pode ser definida como uma situação de procura de factos ou de fixação de factos. Para construir um algoritmo, é necessário transformar essa situação de fixação de factos numa representação formal, utilizando uma linguagem de programação ou expressões lógicas formais. A situação de informação inicial pode ser considerada como uma situação de informação faseada, que serve de base à construção de um algoritmo. Esta transformação exige análises linguísticas e cognitivas. Por sua vez, a situação de informação faseada deve ser transformada numa situação lógica para verificar, em princípio, a viabilidade do algoritmo e a possibilidade da sua implementação. A Fig. 7.2 mostra o processo de transformação da situação inicial de encenação informativa numa situação lógica, que serve de base à construção de um algoritmo.

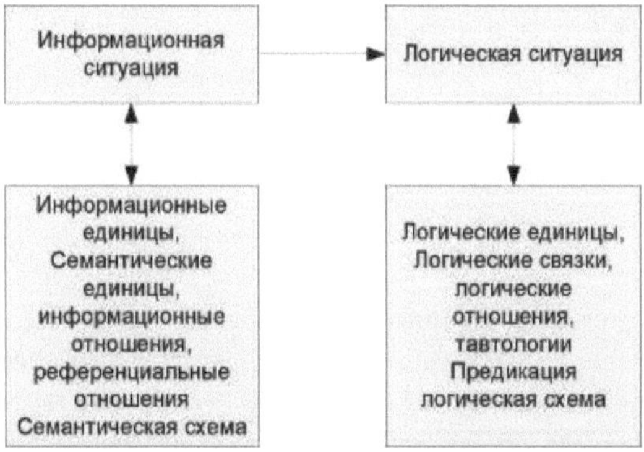

Figura 7.2. Transformação da situação inicial numa situação lógica.

A figura 7.2 mostra que a análise de uma situação começa pela sua decomposição em sistema ou modelo. A decomposição reduz-se a encontrar unidades e relações de informação. E estas relações para uma situação de informação devem ter a forma de relações de informação. Na lógica, existe a noção de um sistema completo de funções. Esta noção está ligada ao facto de cada fórmula da álgebra de enunciados poder ser associada a uma função que define, para cada conjunto fixo de variáveis, o valor de verdade da fórmula. Além disso, é possível definir conjuntos de funções lógicas com a ajuda dos quais outras funções lógicas podem ser expressas.

Um sistema $S= \{fi,f2, ,fn\}$ de funções lógicas diz-se completo (ou funcionalmente completo) se qualquer função lógica for uma sobreposição dc funções deste sistema.

$S_1 = \{\&, \vee, \neg\}$, где $\& (x,y) = x \& y$, $\vee(x,y) = x \vee y$ $x \vee y$ и $\neg(x) = \neg x$. Seja e Este conjunto constituído pelas funções de conjunção, disjunção e negação é designado por base padrão. É o análogo das funções de base em muitas partes da matemática. Este conjunto é um sistema completo de funções lógicas, uma vez que qualquer função lógica de enunciados pode ser representada por uma fórmula que utiliza apenas as operações de conjunção, disjunção e negação. Isto decorre do facto de, como já foi referido, qualquer função lógica poder ser especificada através de uma fórmula, bem como das regras descritas para as tautologias, por exemplo:

$A \to B \equiv \neg B \to \neg A$ (lei da contraposição);

$$A \rightarrow B \equiv \neg A \vee B = \neg (A \,\&\, \neg B);$$

$$A - B \equiv (\neg A \vee B)\&(\neg B \vee A) = (A \,\&\, B) \vee (\neg A \,\&\, \neg B);$$

$$A \oplus B = (A \,\&\, \neg B) \vee (\neg A \,\&\, B);$$

$$A \vee B = \neg A \rightarrow B = \neg (\neg A \,\&\, \neg B);$$

$$A \,\&\, B = \neg (A \rightarrow \neg B) = \neg (\neg A \vee \neg B).$$

Todas estas expressões são provadas utilizando tabelas de verdade. Estas expressões mostram que algumas operações lógicas podem ser expressas através de outras. Assim, as relações de informação são reflexos de relações lógicas. As unidades de informação são generalizações e, nalguns casos, reflexos de variáveis lógicas. A decomposição de uma situação de informação em unidades de informação e relações de informação permite aplicar variáveis lógicas e relações lógicas para construir uma situação lógica.

A análise de conteúdo lógico baseia-se em métodos de extração de conhecimentos, métodos de inferência e raciocínio qualitativo. O raciocínio qualitativo não exclui a descrição formal e vários modelos formais. A sua particularidade é a aplicação do formalismo sem expressões quantitativas que exijam cálculos.

A análise lógica é um tipo de raciocínio qualitativo. O raciocínio qualitativo (QR) é uma abordagem para manipular conhecimentos que têm uma descrição qualitativa sem recorrer a uma descrição quantitativa completa.

A representação do conhecimento no raciocínio qualitativo é efectuada através de um armazenamento limitado de estereótipos qualitativos. A transformação de uma situação de informação pode ser representada como uma alteração do seu estado. A Fig. 7.3 mostra uma transformação deste tipo

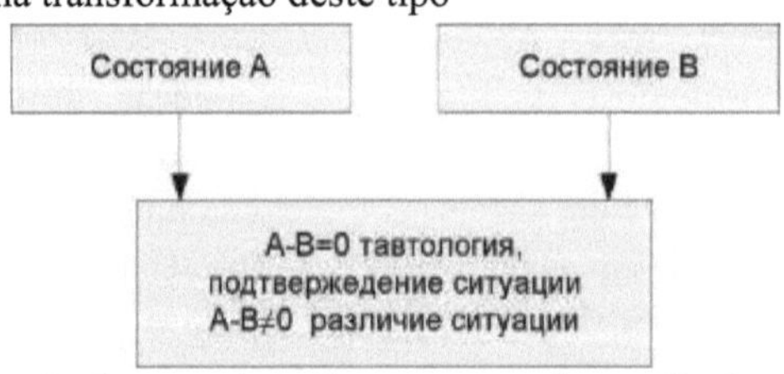

Fig.7.3 Transformação de uma situação como transformação de um estado.

Na interpretação lógica, dois estados são equivalentes se forem tautologias. A tautologia na lógica é um análogo da correspondência de informação na modelação da informação.

No processo de testar e processar informação, distinguem-se as variáveis de entrada e de saída. Uma consequência lógica simples entre as variáveis de entrada x e as variáveis de saída y é escrita não explicitamente com a ajuda da implicação

$$x \to y, \ (7.1).$$

A expressão (7.1) significa uma relação lógica entre *x* e *y*. Esta expressão lógica é declarativa, mas não construtiva. O conjunto de funções matemáticas que transformam variáveis de entrada em variáveis de saída corresponde à expressão lógica (7.1). Construtivo é o seguimento funcional ou a relação funcional entre as *variáveis* de entrada *x* e as variáveis de saída *y,* que se escreve explicitamente utilizando a função

$$y = f(x), \ (7.2)$$

A expressão (7.2) representa a relação funcional entre *x* e *y*. Expressão (7.2) tem uma interpretação gráfica, que é mostrada na Fig. 7.4 sob a forma de um bloco funcional.

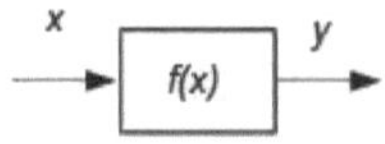

Figura 7.4. Bloco funcional.

A caixa de função na Fig. 7.4 na teoria dos sistemas significa uma caixa preta se o tipo de função for desconhecido. Se o tipo de função for conhecido, o diagrama da Fig. 7.4 descreve uma caixa branca. Considerando as expressões (7.1) e (7.2) em conjunto com a Fig. 7.4, define-se o seguimento lógico funcional. O seguimento lógico funcional é descrito por um conjunto de expressões lógicas e matemáticas relacionadas que descrevem uma composição estrutural comum. O seguimento lógico funcional pode ser aplicado não só a variáveis mas também a funções. Se, num sistema de tomada de decisões ou num sistema de processamento de informação, se aplicar sucessivamente uma função *f(x)* e depois uma função *g(x*), isto pode ser escrito por analogia com as expressões (7.1) (7.2). O análogo da expressão (7.1) será a expressão lógica (7.3)

$$f \to g, \ (7.3)$$

Um análogo da expressão (7.2) para variáveis será a expressão (7.4) para funções

$$y = g(f(x)). \ (7.4)$$

Se as funções *f(x)* e *g(x)* são coerentes e são subsistemas de algum sistema *S(x)*, isso dá uma razão para escrever duas expressões lógicas do sistema (7.5)

$$S = f \wedge g, \ (7.5)$$

e funcional (7.6)

$$S(x) = f(x) + g(x), \ (7.6)$$

A Fig. 7.5 apresenta uma reflexão gráfica das expressões (7.3-7.6)

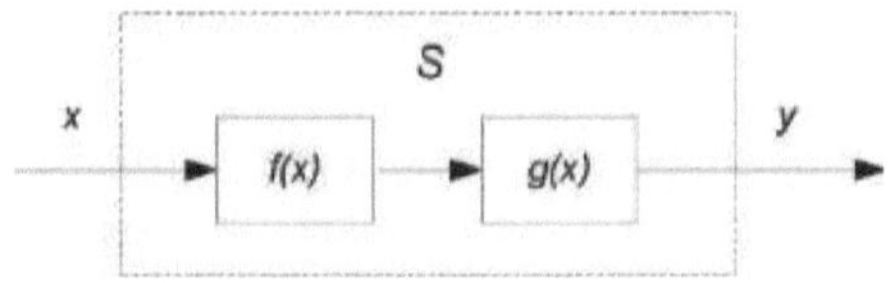

Fig.7.5 O sistema das funções *f(x)* e *g(x)*.

O conjunto de expressões (7.3-7.6) define a sucessão lógica funcional do sistema. Se na Fig. 7.5 retirarmos o sistema *S(x),* então a parte restante e as expressões (7.3, 7.4) definem a sucessão lógica funcional.

O seguimento lógico funcional de um sistema é uma descrição interligada que inclui expressões lógicas, funções e expressões de sistema que descrevem uma estrutura de sistema única. São possíveis sobreposições mais complexas de funções. Um exemplo de uma tal sobreposição é dado na expressão (7.7).

$$y=h[g_1(f(x), g_2(f(x))] \quad (7.7).$$

A expressão (7.7) não tem estrutura, o que é caraterístico de muitas entradas funcionais. Na prática, uma expressão funcional pode ter diferentes estruturas funcionais. A introdução de conectivos lógicos permite especificar a estrutura. Por exemplo

$$y=h[g_1(f(x),\oplus g_2(f(x))] \quad (7.8).$$

A expressão (7.8) corresponde ao esquema alternativo da Fig. 7.6

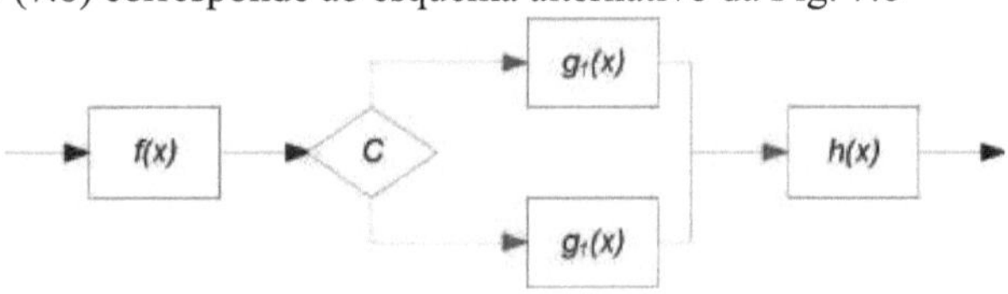

Fig.7.6 Processamento alternativo de informação de acordo com a expressão (7.8)

$C=\oplus$, Para concretizar este esquema, é necessário introduzir um operador condicional que especifique uma alternativa e alterne a entrada entre as funções mediante o cumprimento ou não da condição "*C*". Este esquema exclui o processamento paralelo da informação. É possível outra variante da realização da estrutura, que não especifica uma alternativa, mas permite a participação de ambas as funções no processo de processamento de informação ou de cálculos

$$y=h[g_1(f(x), \vee g_2(f(x))] \quad (7.9).$$

A expressão (7.9) corresponde ao esquema da Fig. 7.7 a diferença no tipo de operador C= v, que exclui t alternativa e admite três situações possíveis. O esquema da Fig. 7.7 admite três alternativas de processamento, que são definidas pela propriedade de disjunção. Como tal, não há necessidade do operador C no diagrama de blocos. Este esquema permite o processamento paralelo de informação.

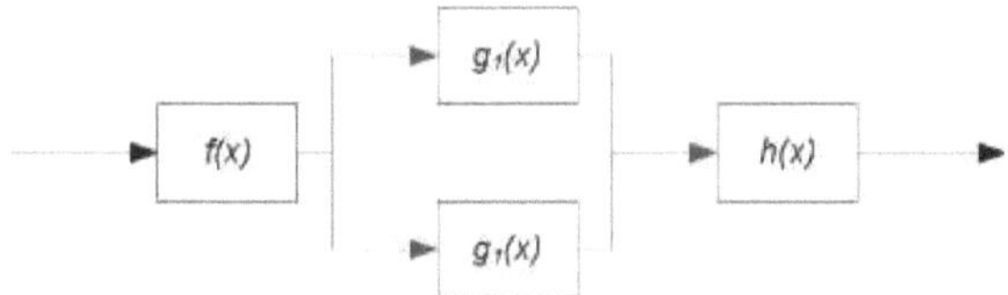

Fig. 7.7 Processamento não alternativo de acordo com a expressão (7.9)

O objetivo principal das expressões (7.8-7.9) é determinar a estrutura do algoritmo no tratamento da informação. A expressão funcional sem estrutura (7.7) corresponde a dois esquemas estruturais lógico-funcionais (7.8), (7.9). Em princípio, podem existir mais esquemas, mas neste exemplo apenas são apresentados dois esquemas simples. A particularidade dos esquemas das Fig. 7.5-7.6 é o facto de poderem descrever de forma significativa funções reais de processamento de informação ou funções booleanas. É fundamental que um circuito funcional único possa ser descrito de forma lógica ou funcionalmente lógica. Daqui resulta que uma função matemática real pode ser mapeada para uma função booleana que reflecte a lógica da função matemática.

É de notar que, nos diagramas de lógica funcional, a implicação não corresponde a uma transição condicional. $A \rightarrow B$ Embora uma das interpretações da implicação seja "Se A, então B", o operador condicional é expresso de forma diferente nos esquemas de lógica funcional. Por isso, é necessário revelar a descrição lógica dos operadores condicionais no controlo e processamento de informação. A Fig. 7.8 mostra um operador condicional que actua segundo o princípio de "excluir ou" ou dilema.

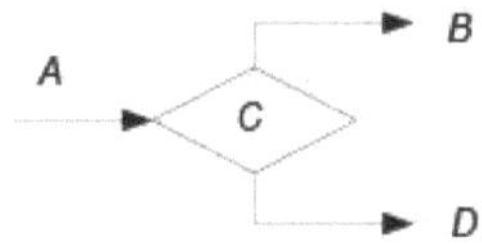

Fig. 7.8. Operador funcional de transição condicional.

Este operador em notação lógica tem a seguinte redação Se a condição *C for satisfeita* para o objeto *A*, *é* executada a transição para o processo (ou objeto) *B*. Se a condição *C* não for satisfeita para o objeto *A*, então a transição para o processo (ou objeto) *D é executada*. A verificação lógica dessa transição é executada com as seguintes expressões

$$A \wedge C \rightarrow B \quad (7.10)$$

$$A \wedge \bar{C} \rightarrow D \quad (7.11)$$

No entanto, em sistemas técnicos, devido a falhas de máquinas, é possível que não haja transição. Neste caso, a

$$B \downarrow D \rightarrow A \ (7.12)$$

↓ Na expressão (7.12) está a seta de Pierce. A expressão (7.12) significa que, numa situação de impasse, há um regresso à fase A. Para eliminar as situações de impasse, utiliza-se a lógica ternária ou um comutador com o número de posições de 3 ou mais. Este diagrama funcional é também uma variante da realização de implicações e está representado na Fig. 7.9

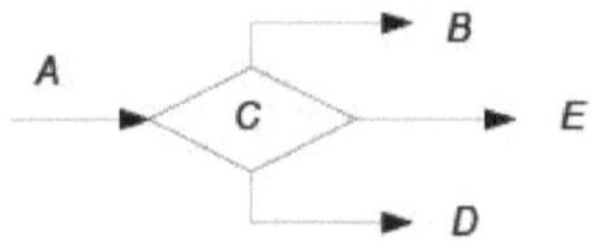

Fig.7.9 Operador de transição condicional na bifurcação ternária

A descrição lógica das transições na Fig. 7.9 tem a forma

$$A \wedge C1 \rightarrow B \ (7.13)$$

$$A \wedge C2 \rightarrow D \ (7.14)$$

$$A \wedge C3 \rightarrow E \ (7.15)$$

Nas expressões (7.13-7.15) *A* é uma fase de entrada com informação primária, *C1, C2, C3* são condições, o cumprimento de cada condição implica a transição para o objeto correspondente. No fundo, o esquema 7.9 significa uma transição para a lógica ternária. Assim, importa referir que, em alguns casos, não existe uma correspondência direta entre uma expressão lógica e um diagrama funcional. Um nó do diagrama funcional e, além disso, uma situação de informação são representados por vários operadores lógicos. As figuras 7.1-7.9 e as expressões 7.1-7.15 podem ser consideradas como unidades de informação algorítmica.

7.3. Métodos opostos e dicotómicos

Na construção de esquemas algorítmicos e na decomposição de problemas, são utilizadas divisões dicotómicas e de oposição e variáveis correspondentes. A análise dicotómica desenvolve a justificação lógica da construção de algoritmos. Entre os vários métodos de análise de esquemas lógicos e algorítmicos, podem distinguir-se dois grupos próximos: a análise proposicional e a análise dicotómica. A análise proposicional baseia-se na utilização de variáveis de oposição. Estas variáveis baseiam-se no esquema "sim - não", "objeto - não objeto", "relação - relação oposta", "relação - relação oposta", "vetor - vetor oposto". Um caso especial de variáveis de oposição são os valores da lógica matemática "verdadeiro-falso". Por conseguinte, a análise de oposição é bem executada pelos métodos da lógica matemática. A análise de oposição utiliza a divisão rígida e a oposição.

A análise dicotómica baseia-se na utilização de uma escala qualitativa dicotómica e de variáveis dicotómicas. A análise dicotómica não é tão rígida como a análise de oposição. Os seus principais axiomas são a diferença e a desigualdade.

As variáveis dicotómicas são utilizadas na escala qualitativa nominal "objeto - outro objeto", "cor - outra cor", "objeto - parte do objeto", "uma parte do objeto - outra parte do objeto", "relação - relação complementar", "relação - relação complementar", "vetor de covariáveis - vetor de contra-variáveis", "função - co-função".

Regra geral, as conexões e as relações são utilizadas na formalização. ≡. Uma relação é expressa pelo sinal de igualdade = ou de equivalência idêntica .

Uma relação é expressa por um conjunto de operadores lógicos e matemáticos de relação

$$\approx \neg \oplus \rightarrow \leftrightarrow \wedge \vee \in \subset \sim \neq | \downarrow \notin \vdash \otimes$$

São as relações que servem de base à descrição lógica das situações na análise dicotómica e à obtenção dos resultados da análise. Um algoritmo deve ser logicamente correto, pelo que deve ser criado de acordo com as leis da lógica e utilizando a linguagem da lógica.

Consideremos as regras lógicas para variáveis de oposição e dicotómicas. Se *x1, x2* são variáveis de oposição, então existem regras ou leis lógicas para elas que se seguem das suas tautologias básicas.

Lei da negação para variáveis de oposição x1 = -,x2

A lei da identidade x1 = x1; x2 = x2

$x1 \equiv x1;$ $x2 \equiv x2$

$x1 \wedge 0 \equiv 0;$ $x2 \wedge 0 \equiv 0;$

$x1 \vee 0 \equiv x1;$ $x2 \vee 0 \equiv x2;$

$x1 \wedge 1 \equiv x1;$ $x2 \wedge 1 \equiv x2;$

$x1 \vee 1 \equiv 1;$ $x2 \vee 2 \equiv 1;$

A lei da dupla negação

$\neg(\neg x1) \equiv x1;$ $\neg(\neg x2) \equiv x2;$

Lei da contradição lógica

$x1 \wedge (\neg x1) \equiv 0;$ $x2 \wedge (\neg x2) \equiv 0;$ $x1 \wedge (x2) \equiv 0;$

A lei do terceiro excluído

$x1 \vee (\neg x1) \equiv 1; x2 \vee (\neg x2) \equiv 1; x1 \vee (x2) \equiv 1; x1 \oplus x2 = 1$

Idempotência da conjunção

$x1 \wedge x1 \equiv x1 ; x2 \wedge x2 \equiv x2 ;$

Idempotência da disjunção

$x1 \vee x1 \equiv x1 ; x2 \vee x2 \equiv x2 ;$

Comutatividade da conjunção

$x1 \wedge b \equiv b \wedge x1$; $x2 \wedge a \equiv a \wedge x2$

Comutatividade da disjunção

$x1 \vee B \equiv B \vee x1$; $A \vee x2 \equiv x2 \vee A$;

Outras regras para as variáveis da oposição

$x1 \rightarrow x2 = 0$; $x1 \sim x2 = 0$.

Um número tão grande de regras aumenta a controlabilidade algorítmica e independente do sujeito das respostas durante o teste. A sua aplicação aumenta a fiabilidade dos testes e reduz as falhas de software. Este número de regras torna conveniente a criação de algoritmos de teste para o processamento de informação objetiva. Em regra, os algoritmos que utilizam variáveis de oposição excluem a multiplicidade de respostas e têm apenas uma resposta correta. A condição de execução do algoritmo é bem formalizada e não ambígua. O principal aspeto da algoritmização de oposição é a verificação rigorosa das respostas dos alunos com as respostas normativas.

A Algoritmização Dicotómica e o Teste Dicotómico são mais brandos e permitem muitas condições. A principal condição é a distinguibilidade, mas não o antagonismo, que vem da "lei da negação para variáveis opostas". As variáveis dicotómicas têm as suas próprias regras lógicas que permitem determinadas situações lógicas.

Se *y1, y2* são variáveis dicotómicas, então existem regras lógicas para elas que se seguem das suas tautologias básicas. Para as variáveis dicotómicas existe um terceiro conceito, a que chamaremos um número inteiro (*Int*).

Lei da dicotomia para variáveis dicotómicas

$y1 + y2 = Int$

Lei da diferença para variáveis dicotómicas

$y1 \neq y2$

Lei da Identidade

$y1 \equiv y1$; $y2 \equiv y2$

$y1 \wedge 0 \equiv 0$; $y2 \wedge 0 \equiv 0$;

$y1 \vee 0 \equiv y1$; $y2 \vee 0 \equiv y2$;

$y1 \wedge 1 \equiv y1$; $y2 \wedge 1 \equiv y2$;

$y1 \vee 1 \equiv 1$; $y2 \vee 2 \equiv 1$;

$y2 \oplus y1 \wedge Int \equiv 1$

A lei da dupla negação

$\neg(\neg y1) \equiv y1$; $\neg(\neg y2) \equiv y2$;

Lei da contradição lógica

$y1 \wedge (\neg y1) \equiv 0$; $y2 \wedge (\neg y2) \equiv 0$; $y1 \wedge (y2)$ - é aceitável;

A lei do terceiro excluído

$y1 \vee (\neg y1) \equiv 1$; $y2 \vee (\neg y2) \equiv 1$; $y1 \vee (y2) \equiv 1$;

Idempotência da conjunção

$y1 \wedge y1 \equiv y1$; $y2 \wedge y2 \equiv y2$;

Idempotência da disjunção

$y1 \vee y1 \equiv y1$; $y2 \vee y2 \equiv y2$;

Comutatividade da conjunção

$y1 \wedge b \equiv b \wedge y1$; $y2 \wedge a \equiv a \wedge y2$

Comutatividade da disjunção

$y1 \vee B \equiv B \vee y1$; $A \vee y2 \equiv y2 \vee A$;

Outras regras para variáveis dicotómicas

$Y1 \oplus Y2 = (Y1 \wedge \neg Y2) \vee (\neg Y1 \wedge Y2)$;

$Y1 \vee Y2 = \neg Y1 \rightarrow Y2 = \neg(\neg Y1 \wedge \neg Y2)$;

$Y1 \wedge Y2 = \neg(Y1 \rightarrow \neg Y2) = \neg(\neg Y1 \vee \neg Y2)$.

Estas regras derivam das 28 tautologias básicas da lógica matemática. A pequena diferença para as variáveis dicotómicas e de oposição deve-se à sua diferença qualitativa.

7.4. Hipóteses e corolários em algoritmos

O resultado do teste de oposição é facilmente verificável. É descrito por uma hipótese do domínio da lógica matemática. Recorde-se que, na lógica matemática [31], a hipótese de uma fórmula A significa uma fórmula B tal que

$(B \rightarrow A) \equiv 1$.

Uma hipótese da fórmula A é dita simples se for uma conjunção de variáveis ou suas negações e, após descartar qualquer um de seus denominadores, deixa de ser uma hipótese da fórmula A. Suponhamos que utilizámos 9 variáveis opostas x. O aluno deve responder positivamente a algumas questões, por exemplo, x1, e negativamente a outras, por exemplo, -!x6. A hipótese da resposta correta é mais ou menos assim

$B(x1 \wedge x2 \wedge x3 \wedge x4 \wedge \neg x5 \wedge \neg x6 \wedge \neg x7 \wedge x8 \wedge x9)$. (7.1)

Se o aluno receber um ponto por cada resposta correta, então a soma dos pontos (Sb) é igual à soma das perguntas (N) na hipótese de uma resposta correta. Num teste, um aluno pode responder incorretamente a uma pergunta ou não responder de todo à pergunta. Se ele não responder a uma pergunta, por exemplo, x6, então a fórmula "B" deixa de ser uma hipótese e passa a ter a seguinte forma

$\bar{B}(x1 \wedge x2 \wedge x3 \wedge x4 \wedge \neg x5 \wedge \neg x7 \wedge x8 \wedge x9)$ (7.2)

O sobrescrito por cima do símbolo "B" indica que se trata de uma "não hipótese". É a marca de negação permitida na lógica matemática. Se um aluno responder incorretamente a uma questão, por exemplo, x6, a fórmula "B" deixa de ser uma hipótese da resposta correta, passa a ser uma hipótese da resposta errada e tem a seguinte forma

$$B(x1 \wedge x2 \wedge x3 \wedge x4 \wedge \neg x5 \wedge \mathbf{x6} \wedge \neg x7 \wedge x8 \wedge x9).\ (7.3)$$

Na expressão (7.3), a resposta errada está destacada a negrito. Nas expressões (7.2) e (7.3), a soma dos pontos (Sb) para as respostas corretas não é igual à soma das perguntas (N). PARA A hipótese de resposta correta.

$$N = Sb$$

Para a hipótese de resposta correta.

$$N \neq Sb$$

Nos testes, não é apenas o resultado que é importante, mas também a análise das causas que podem provocar erros quando se responde incorretamente a uma pergunta do teste. Para analisar os erros em lógica matemática, existe o conceito de consequência. Um erro num teste pode ser considerado como uma consequência de outro erro, por exemplo, um conjunto errado de um símbolo. Uma consequência de uma fórmula P é entendida como uma fórmula C, para a qual

$$(P \to C) \equiv 1.$$

Uma consequência de uma fórmula P é chamada simples se for uma disjunção de variáveis ou das suas negações e, depois de descartar qualquer um dos seus somatórios, deixar de ser uma consequência da fórmula P. Exemplo de uma consequência simples

$$C(z1 \vee z\,2 \vee z\,3 \vee z4 \vee \neg z5 \vee \neg z6 \vee \neg z7 \vee z8 \vee z9)\ (7.4)$$

Na expressão (7.4), as variáveis z são variáveis generalizadas que podem ser dicotómicas ou de oposição. A fórmula (7.4) enumera todas as causas possíveis de erro. Se a fórmula (7.1) enumera todas as respostas corretas possíveis, a fórmula (7.4) enumera todas as razões possíveis para uma resposta errada. Se nem todas as causas forem tidas em conta, a fórmula lógica "C" deixa de ser uma consequência. Por exemplo, a fórmula CC

$$CC(z1 \vee z2 \vee z3 \vee z4 \vee \neg z5 \vee \neg z6 \vee \neg z7 \vee z9)\ (7.5)$$

Ele é uma consequência porque omite a causa do possível erro z8.

Existem regras gerais para a análise de hipóteses e implicações que ajudam a analisar situações complexas. Por exemplo, qualquer soma de uma forma normal disjuntiva é uma hipótese dessa forma normal disjuntiva (DNF). O somatório de uma forma normal conjuntiva é uma consequência dessa forma normal conjuntiva (CNF). Existem regras.

$A \wedge C$ Se A é uma hipótese da fórmula B, então é também uma hipótese da fórmula

B.

A ∨ C Se P é uma consequência da fórmula C, então também é uma consequência de P.

A ∨ B-Se A e B são hipóteses para a fórmula C, então também é uma hipótese para C.

P∧ G-Se P e G são corolários de C, então também é um corolário de C.

As DNFs e CNFs perfeitas são frequentemente utilizadas para resolver o problema de rever todas as hipóteses e todas as implicações de uma dada fórmula. Se A=D, então A tem exatamente as mesmas hipóteses e implicações que D. Um DNF perfeito não tem outras hipóteses (que não contenham letras não incluídas neste DNF), exceto disjunções de alguns dos seus somatórios ou expressões equivalentes. Ao mesmo tempo, um KNF perfeito não tem outras consequências (não contendo letras não incluídas neste KNF) exceto conjunções de alguns dos seus termos ou expressões equivalentes.

7.5. Algoritmização das declarações

No apoio algorítmico é importante encontrar a correspondência de informação entre os operadores lógicos e os blocos do programa. A Fig.7.10 mostra os blocos do programa que correspondem às relações lógicas. São apresentados os blocos que reflectem as relações lógicas de disjunção, conjunção e inversão. A representação em blocos da inversão mostra que, nos programas, esta reflecte ou corresponde frequentemente a cálculos cíclicos.

DisjunçãoConjunção Inversão Inversão

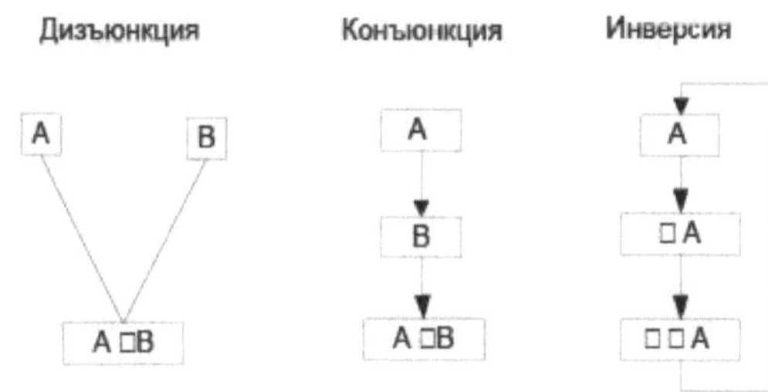

Fig.7.10. Representação algorítmica das relações lógicas.

A implicação ou consequência lógica simples tem a forma de um bloco de funções Fig.7.11.

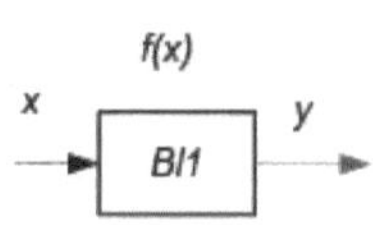

Fig.7.11. Implicação funcional.

Na Fig.7.11 *Bl é o* bloco do algoritmo, *x é o* dado de entrada, *y é o* dado de saída, *f* é a função de transformação. A Fig.7.11 pode ser interpretada utilizando expressões lógicas e funcionais.

Expressão lógica Fig.7.11 - $x \rightarrow y$

Expressão funcional Fig.7.11 - $y=f(x)$

Expressão do sistema Fig.7.11 - $S: f(x) \rightarrow y$

Assim, o circuito da Fig. 7.11 é um circuito de ligação para expressões lógicas funcionais e de sistema.

A Fig. 7.12 mostra a expressão em blocos da hipótese de acordo com a expressão (7.10). No caso da certeza da informação, todos os blocos são informacionalmente certos e especificam a hipótese da resposta correta.

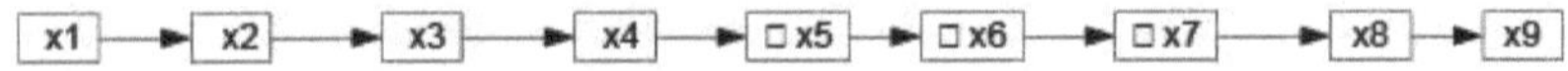

Fig.7.12. Expressão algorítmica da hipótese

Uma outra relação importante deve ser tida em conta na algoritmização. que não aparece explicitamente na lógica matemática. Trata-se da relação de proporcionalidade. Consideremos a expressão

$$(Bl1 \wedge Bl2) \rightarrow (Bl3 \vee Bl4) \rightarrow Bl5. \quad (7.6)$$

O esquema algorítmico da Fig. 7.13 corresponde a esta expressão.

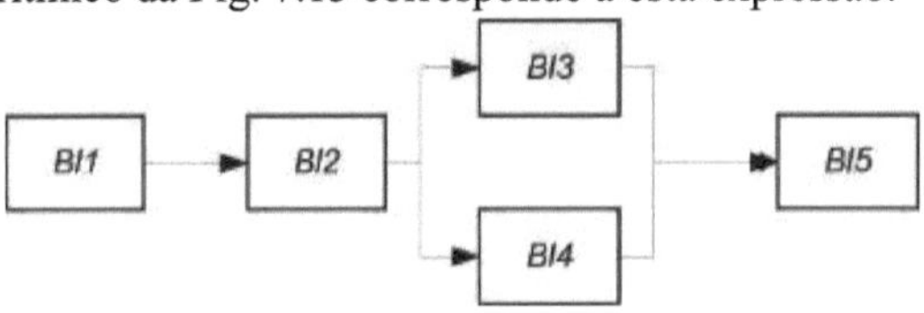

Fig.7.13. Estrutura da expressão lógica (7.6)

Os blocos estão relacionados, mas entre Bl3, B14 existe uma relação de proporcionalidade, ou Bl3 ®> B14 , ou Bl3 " B14. E esta relação dá-se ao nível do conteúdo ou da semântica.

Ao algoritmizar testes e resultados de testes, é necessário distinguir entre conexões e relações. A análise das condições ao nível do conteúdo textual deve revelar conexões e relações, que são depois formalizadas utilizando a linguagem da lógica. Para construir um algoritmo de teste, é necessário identificar todas as ligações e relações entre os blocos do algoritmo. Em função das conexões e relações que aparecem, a solução do problema é dividida em blocos. A divisão mais simples baseia-se no seguinte. Por exemplo, sabe-se que A precede (B, C, D), D precede P, H, e o bloco E é o último passo da cadeia. Uma estrutura aproximada de um algoritmo deste tipo é mostrada na Fig. 7.14.

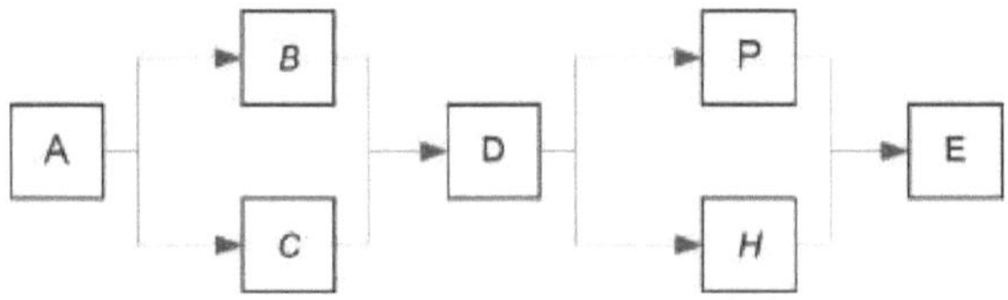

Fig.7.14. Transformação de uma sequência lógica numa estrutura

A estrutura da Fig. 7.14 utiliza as relações, anterior, último. Ou seja, na algoritmização de testes, é necessário utilizar não só relações lógicas, mas também uma classe mais alargada de relações.
As análises dicotómicas e de oposição utilizam relações e conexões, que são a base da análise da situação computacional e do processamento da informação. Uma relação é uma estrutura matemática [151] que define formalmente as propriedades de vários objectos e as suas inter-relações. Exemplos comuns de relações em matemática são a igualdade, a divisibilidade, a semelhança, a similaridade, o paralelismo e muitos outros. A razão para a confusão entre relações e relacionamentos está, em parte, nos seus termos em inglês.
relations ligação, relação,

relationship ligação, relação, relacionamento, relação, parentesco, relação sexual

connection ligação, ligação, ligação, ligação, junção, junção, articulação, parentesco
Há relações que não são expressas diretamente por operadores matemáticos e lógicos e, por isso, têm de ser transformadas com a ajuda dos operadores existentes, o que cria ambiguidade na sua interpretação, que é determinada pelo contexto. Vamos enumerar essas relações: Proporcionalidade, Integridade, Completude, Exagero, Social, Interpessoal, Implícita, Latente, Heterogénea, Finita, Semelhança, Diferença, Opositiva, Antagónica, Dicotómica, Complementar, Topológica, Teórico-Multiplicidade. A maioria destas relações são modelos complexos compostos por unidades lógicas simples.
Uma relação heterogénea é uma relação entre diferentes conjuntos de
Uma relação finita é uma relação com um número finito de lugares
Relações de complementaridade - relações de coerência ou complementaridade e ausência de contradição.

A conexão e a relação caracterizam a correspondência (propriedade). connection
relations Uma relação forte caracteriza uma ligação - ligação, relação, Uma relação fraca caracteriza uma relação. ligação, relação, Para distinção A Fig.7.15 e a Fig.7.16 mostram as estruturas de ligação e de relação.

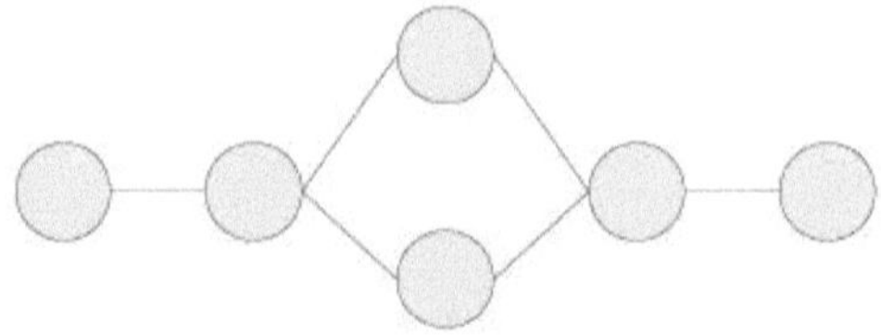

Fig. 7.15 Estrutura de conetividade topológica

A Fig.7.15 reflecte a conetividade topológica dos objectos. A Fig.7.16 reflecte as relações topológicas.

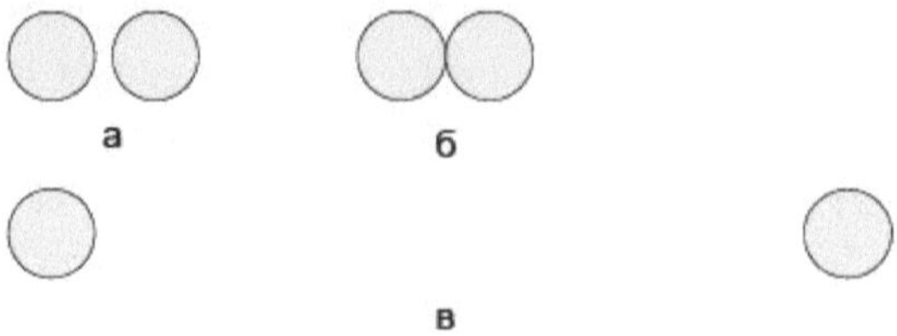

Fig.7.16. Exemplos de relações topológicas

A Fig.7.16 mostra as seguintes relações topológicas: a - proximidade, b - adjacência, c - afastamento

7.6. Predicados e quantificadores.

Ao processar informação, é importante definir a região de verdade (a região das respostas corretas). Em lógica, a região de verdade pode ser definida por um intervalo contínuo de valores. A região de verdade pode ser dada por uma função. As expressões (7.1) e (7.4) para hipótese e consequência podem ter uma forma complexa quando há um grande número de factores ou variáveis. Os quantificadores são utilizados para simplificar a análise e a redação das hipóteses e das implicações. $M = \{a_1, ..., a_k\}$. Se o predicado P(x) for definido num conjunto finito, então as seguintes identidades são verdadeiras [151]:

$$\forall x P(x) \equiv P(a_1) \wedge ... \wedge P(a_k); \quad (7.7)$$

$$\exists x P(x) \equiv P(a_1) \vee ... \vee P(a_k). \quad (7.8)$$

Assim, os quantores podem ser considerados como generalizações de conectivos lógicos e expressões compactas da hipótese (7.7) e do corolário (7.8). No caso de predicados definidos em conjuntos infinitos, o quantum de generalidade generaliza a conjunção e o quantum de existência generaliza a disjunção. Os quantificadores podem ser articulados em predicados de múltiplos conjuntos e em qualquer expressão lógica. A expressão na qual o quantificador está ligado é chamada o âmbito do quantificador. Todas as ocorrências de uma variável nesta expressão estão ligadas. As variáveis não ligadas por quantificadores são chamadas variáveis livres.

A um predicado de duas variáveis P(x, y), podem ser aplicadas operações de quantor a uma variável ou a duas variáveis. Mudar a ordem dos quantores altera o significado da afirmação e o seu valor lógico. Existem as seguintes afirmações tautológicas [31]:

1) ∀xP(x, y); ∀yP(x, y);

2) ∃xP(x,y); ∃yP(x,y);

3) ∀x ∃y P(x, y); ∀x ∀y P(x, y);

4) ∃x ∀y P(x, y); ∃ x ∃y P(x, y);

5) ∀y ∀xP(x, y); ∀y ∃ xP(x, y);

6) ∃y ∀xP(x, y); ∃y∃x P(x, y)

Os testes opostos e dicotómicos complementam-se. Os testes opostos são utilizados na fase de aquisição de conhecimentos. Os testes dicotómicos são aplicados na fase de consolidação e aplicação dos conhecimentos. A aplicação conjunta destes grupos de testes produz um efeito maior do que a aplicação isolada de testes de oposição.

As unidades de informação algorítmica têm equivalentes gráficos. Este facto permite traduzir o problema da linguagem natural para uma forma lógica e, em seguida, traduzir a forma lógica para a linguagem gráfica dos esquemas de algoritmos. Ao escolher os métodos de análise, a abordagem de oposição é preferível, pois corresponde mais à lógica matemática e tem um grande número de regularidades lógicas. As variáveis de oposição e as expressões de oposição podem ser facilmente transformadas em algoritmos de primeiro tipo, o que simplifica a execução dos cálculos. No entanto, na prática, em situações complexas, é necessário utilizar a abordagem dicotómica quando as variáveis opostas não podem ser utilizadas. As variáveis dicotómicas e as construções de informação dicotómicas são menos frequentemente transformadas em algoritmos do primeiro tipo e, mais frequentemente, os algoritmos do segundo tipo são construídos com base neles.

8. Lógica algorítmica espacial

8.1. Peculiaridades da lógica espacial

A lógica espacial [325-330] é uma direção bastante ampla relacionada com a análise espacial e o raciocínio lógico. Na primeira direção, baseia-se na análise qualitativa e na lógica geométrica. Na segunda direção, está mais relacionada com a formalização lógica. A lógica espacial utiliza a lógica binária e ternária. Tem a ver com o cumprimento ou a violação da lei de exclusão do terceiro. Se existe uma situação espacial em que a lei da eliminação do terceiro é cumprida, então o mecanismo da lógica clássica binária é aplicável à lógica espacial.
A lógica espacial é aplicada no raciocínio espacial [331-333]. Tem sido aplicada na arquitetura desde os tempos pré-cristãos. A lógica espacial é aplicada no projeto paisagístico [334]. A lógica espacial é aplicada na extração de conhecimentos espaciais. A lógica espacial é aplicada na conceção de chips e na organização da computação paralela [335]. A lógica espacial é utilizada na formulação de consultas a uma base de dados [336]. A lógica espacial é utilizada na robótica e nos sistemas de visão [337]. A lógica espacial é utilizada na construção de mapas virtuais e em sistemas de realidade aumentada.
A lógica espacial é utilizada no processamento interativo da informação em sistemas de informação geográfica. A lógica espacial é utilizada na cartografia. A lógica espacial é utilizada na geodesia quando se realiza trabalho de campo e se trabalha com receptores de navegação por satélite. A lógica espacial é utilizada na monitorização de deformações e assentamentos de estruturas. Assim, a lógica espacial é intensamente aplicada nas ciências da Terra. A lógica espacial é um conceito generalizado e, em geoinformática, inclui várias partes: lógica geométrica, lógica topológica, lógica teórica de conjuntos, lógica de imagens. O domínio da aquisição de conhecimentos espaciais [338-340] é particularmente importante na geoinformática, onde a lógica espacial também é aplicada. A lógica espacial é aplicada no ensino, tanto nas ciências da terra como noutras disciplinas, na topologia geométrica e na teoria dos conjuntos. A lógica espacial tem uma saída no domínio da inteligência artificial, onde é aplicada em sistemas de transporte inteligentes [341-344] e em sistemas ciber-físicos de transporte [345-348], tecnologias ferroviárias digitais [349, 350].

8.2. Uma sistemática da lógica espacial.

Os principais tipos de lógica espacial utilizados no processamento da informação são: lógica geométrica, lógica topológica e lógica de imagem.
A lógica geométrica. A lógica geométrica surgiu muito antes do advento da geoinformática. Inclui: axiomas; teoremas e enunciados de objectivos, que são expressos por meio de provas ou de construções. A lógica geométrica é aplicada não só no espaço real mas também no espaço paramétrico, por exemplo, quando se

utiliza o método do hiperplano de separação para separar duas classes paramétricas. No processamento automático de imagens, a lógica geométrica é utilizada para resolver problemas de reconhecimento espacial de objectos. Neste sentido, a lógica geométrica é utilizada em sistemas de controlo não tripulados para detetar obstáculos ou reconhecer objectos que não são visíveis no campo ótico. É feita uma distinção entre a lógica geométrica no plano e a lógica geométrica do espaço curvo. A lógica da geometria no plano não permite a intersecção de rectas paralelas. Na geometria no plano, um triângulo tem uma soma de ângulos internos igual apenas a l. A lógica da geometria na esfera substitui a noção de linha reta pela noção de linha geodésica. A lógica da geometria na esfera permite a intersecção de rectas paralelas. Por exemplo, os meridianos intersectam-se no pólo, ao mesmo tempo que os paralelos não se intersectam. A lógica da geometria na esfera admite que a soma dos ângulos internos de um triângulo convexo curvo seja igual a 3/2l. Assim, a lógica geométrica é dada não só pelos axiomas de base, mas também pelo tipo de espaço. Esta é uma diferença essencial em relação à lógica matemática, em que o espaço não é considerado. e postulados e pode diferir para diferentes geometrias.
Lógica topológica. A lógica topológica é muito utilizada em geoinformática, nomeadamente na topologização da informação espacial. Os trabalhos cartográficos utilizam a lógica topológica. Na digitalização de mapas com base em imagens digitalizadas, a lógica espacial é utilizada para eliminar os erros de vectorização automática.
Em topologia, a lógica espacial utiliza axiomas simples: invariância topológica (Fig. 8.1), intersecção, ausência de intersecção. A lógica topológica utiliza propriedades topológicas dos objectos, cuja presença significa "verdadeiro" e cuja ausência significa "falso".

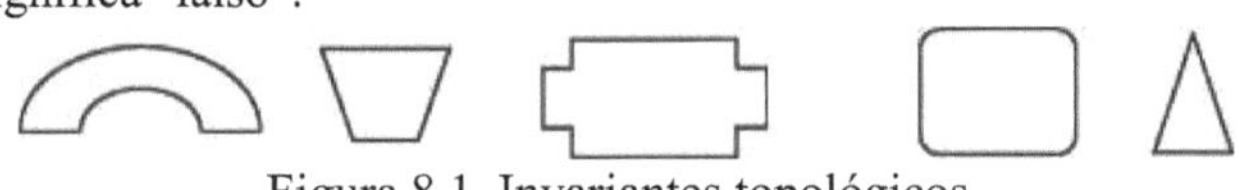

Figura 8.1. Invariantes topológicos.

Existe uma relação de equivalência lógica entre as figuras da Fig. 8.1, de acordo com a lógica topológica. Podem ser consideradas como tautologias lógicas. Para a lógica espacial e a lógica topológica, existe uma noção de certeza topológica. Esta propriedade distingue a lógica espacial de outros tipos de lógicas. Note-se que na lógica espacial, ao contrário da lógica binária, existe uma noção de multiplicidade de valores das imagens espaciais. A eliminação da multiplicidade de valores da lógica espacial é conseguida através de condições especiais e notações adicionais. Isto significa que a linguagem da lógica espacial é extensível e diferente para diferentes tarefas e classes.
A Fig. 8.2 mostra imagens topologicamente multivaloradas e topologicamente univaloradas. A imagem da Fig. 8.2a é designada por "esparguete". É multivalorada e contém incerteza de informação.

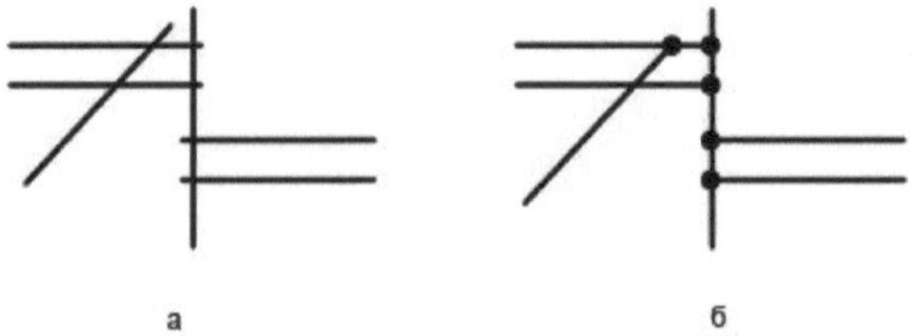

Fig.8.2
Imagem espacial topologicamente correta b) e topologicamente incorrecta a)

A situação apresentada na Fig.8.2a é típica da vectorização automática de imagens cartográficas raster. Na Fig.8.2a não é claro: as linhas intersectam-se ou passam umas por cima das outras? É um erro prolongar as linhas horizontais para além da linha vertical? Esta incerteza pode ser uma violação da complementaridade das imagens reais e uma violação das correspondências de informação topológica entre o modelo e o objeto real. A figura 8.26 caracteriza a eliminação da incerteza da informação e a eliminação da ambiguidade.

Para eliminar a ambiguidade, foram introduzidos símbolos gráficos adicionais (unidades de informação gráfica). Foram introduzidas designações de pontos para indicar intersecções. A presença de um ponto significa que existe uma intersecção (sim lógico). A ausência de um ponto significa que não existe intersecção de linhas (não lógico).

Com base em informações semânticas adicionais (por comparação visual com o mapa), foi estabelecido que as extremidades das linhas horizontais não devem ultrapassar os limites da linha vertical. Foi feita uma correção nesta base. Assim, a lógica topológica em geoinformática difere da lógica topológica em topologia por um grande número de notações gráficas e pela aplicação de informação semântica para eliminar a incerteza e a multiplicidade de valores. O modelo topológico em geoinformática não existe de forma independente, mas reflecte as propriedades de um objeto espacial, que não são exprimíveis através da topologia convencional. Por conseguinte, a lógica topológica em geoinformática é alargada em relação aos modelos topológicos.

Nalguns casos, as descrições topológicas podem corresponder a expressões lógicas. Esta situação é típica dos algoritmos. Por exemplo, um arco orientado corresponde a uma implicação. A intersecção corresponde à conjunção. A invariância topológica corresponde à equivalência ou tautologia. Em geoinformática, um modelo topológico pode representar um modelo espacial como as estradas. Em geoinformática, um modelo topológico pode representar fluxos discretos ou contínuos (logística). Isto permite a construção de modelos topológicos geoinformáticos para analisar o estado das redes de transporte e analisar os fluxos de mercadorias. Normalmente, um diagrama espacial topológico mostra as ligações.

Lógica teórica de conjuntos. A lógica teórico-múltipla em geoinformática é também uma lógica espacial, especialmente quando se trabalha com áreas e objectos lineares. Ao mesmo tempo, utiliza o formalismo das relações teóricas de conjuntos, o que simplifica muito a análise dos modelos de áreas e a verificação da correção lógica da sua construção.

A lógica teórica dos conjuntos utiliza as relações teóricas dos conjuntos como relações espaciais [351] entre objectos do espaço e como relações lógicas por modelos de objectos. Os diagramas de multiplicidade teórica apresentam, em primeiro lugar, relações, em segundo lugar, relações. Os modelos mais marcantes que ilustram a lógica espacial são os diagramas de Euler-Wien.

Lógica figurativa. A lógica figurativa é a lógica dos modelos espaciais aos quais corresponde uma certa realidade. Nem todos os modelos figurativos reflectem objectos físicos. Por exemplo, a zona de poluição ecológica ou as zonas de possível inundação em função do nível da água são modelos espaciais, mas na realidade podem não corresponder a um objeto real visível.

Os modelos lógicos de imagem incluem modelos elementares - unidades de informação, que servem de base para a construção de modelos complexos e proporcionam uma oportunidade para comparar modelos, bem como para verificar a sua correção. A correção dos modelos de lógica figurativa é determinada, em primeiro lugar, pela correção da sua correspondência a objectos espaciais. Exemplos de unidades de informação espacial são os sinais convencionais em mapas e as unidades linguísticas de agregação espacial [352, 353]. A lógica figurativa é aplicada em geoinformática, geodesia e cartografia. As secções mais marcantes da lógica da imagem são: tratamento de imagens, tratamento interativo da informação em SIG, lógica cartográfica na construção de mapas.

Lógica cartográfica. A lógica cartográfica é estruturalmente semelhante à topologia e à lógica geométrica. Um mapa transmite, em primeiro lugar, relações topológicas e, em segundo lugar, relações geométricas. Baseia-se em certas regras cartográficas (axiomas) e em unidades de informação normalizadas - sinais convencionais. No entanto, a lógica cartográfica ainda não é considerada como uma secção da lógica espacial. De 1908 (lógica cartográfica) [354] a 2010 (lógica cartográfica) [354] e até agora, a lógica cartográfica é entendida apenas como regras de construção e leitura de mapas, mas não fala sobre a linguagem da lógica. A lógica cartográfica (mas não a lógica cartográfica) é também designada [355] como a aplicação da lógica comum à construção e análise de imagens cartográficas espaciais. Na cartografia, a noção de uma linguagem cartográfica foi introduzida [356], mas isolada da lógica cartográfica. Assim, a lógica cartográfica não foi formada até agora como uma direção holística, organicamente incluída na lógica espacial.

O mais próximo da lógica espacial e da lógica cartográfica é a obra de A. A. Lyutoy "a linguagem dos mapas" [356]. Lyutoy considera a linguagem dos mapas como um meio de descrição sistemática das obras cartográficas. Considera os mapas geográficos como um conjunto sistematizado de imagens gráficas e modelos espaciais. Permite a criatividade na criação da composição cartográfica. Mas a utilização do conceito de linguagem cartográfica permite-nos comparar diferentes situações cartográficas e identificar uma pluralidade de significados na construção de mapas. Esta multiplicidade de significados é caraterística de toda a lógica espacial. Requer a identificação da situação e a sua eliminação, se possível. A linguagem espacial dos mapas permite analisar, comparar e identificar a multiplicidade de significados ou a incerteza espacial.

Já em 1923, Bertrand Russell interpretava a natureza das imagens espaciais como um modelo altamente informativo: "Há uma dificuldade na linguagem como método de representação de um sistema, nomeadamente o facto de as palavras que significam relações não serem elas próprias relações. A imagem gráfica de um mapa é superior à linguagem porque o facto de um lugar estar a oeste de outro é representado pelo facto de o lugar correspondente no mapa estar à esquerda do outro, ou seja, a relação real é representada por uma relação espacial." [357, c. 152]. Isto corresponde aos conceitos modernos de lógica espacial.

Erros de lógica espacial. Uma particularidade das linguagens espaciais é a pluralidade de significados, que pode causar incoerência de interpretação. A pluralidade na construção de imagens conduz a erros lógicos. No seu trabalho, Lyutyi destaca apenas quatro tipos de erros espaciais caraterísticos [356]. É de notar que os erros assinalados são caraterísticos tanto da cartografia como da lógica da imagem.

O primeiro tipo de erros refere-se aos erros *de "semelhança figurativa-diferença semântica"*. Estes erros são causados pela utilização de signos figurativos de tipos semióticos diferentes, que no processo de composição das mesmas imagens finais. Um exemplo é apresentado na Fig. 8.3 [356].

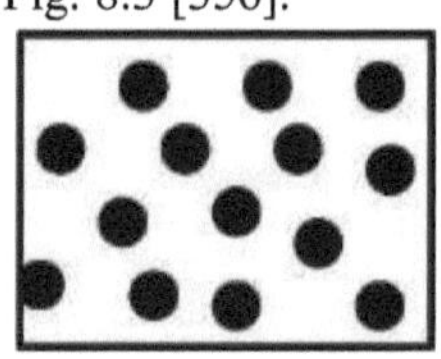

Fig.8.3 Dualidade de interpretação da imagem espacial.

O modelo espacial da Figura 8.3 pode ser interpretado de duas maneiras. Cada ponto pode representar um objeto separado ou os pontos podem representar uma propriedade da área. A primeira interpretação da imagem da Fig. 3 é um conjunto de objectos pontuais na área selecionada por um quadrilátero

A segunda interpretação da imagem da Figura 8.3 é uma área em que os pontos mostram alguma propriedade, como a densidade populacional ou a densidade do eleitorado numa eleição para um determinado partido.

No segundo tipo de erros lógicos espaciais, Lyutyi refere-se a erros de colocação incorrecta de imagens no campo da imagem cartográfica. Estes erros levam ao aparecimento de falsas composições de sinais e de falsas relações espaciais. Por vezes, conduzem a efeitos de "absorção" de alguns sinais por outros. Os erros de incerteza semântica e de duplicação de informação pertencem a este grupo. O terceiro grupo de erros, de acordo com A.A. Lyutom, é causado por erros na classificação de objectos espaciais. No quarto tipo de erros, atribui erros na construção de escalas cartográficas, quando, devido ao número insuficiente de gradações, um fenómeno espacial importante é omitido. Os três primeiros tipos de erros são caraterísticos da lógica figurativa em geral.

A linguagem da agregação espacial como linguagem da lógica espacial. Uma secção da lógica figurativa é a lógica da inteligência artificial. É utilizada na análise automática de partes de objectos espaciais e das suas relações espaciais. A linguagem mais conhecida desta lógica é a linguagem da agregação espacial. É utilizada na análise espacial e na aquisição de conhecimentos espaciais. A figura 8.4 mostra as unidades de informação da linguagem de agregação espacial [352, 353].

Fig.8.4 Unidades lógicas das relações espaciais

A Fig.8.4 mostra as interpretações dos símbolos da linguagem de agregação espacial. A explicação é dada da esquerda para a direita. Sem interação - DC. Interação de fronteira comum - EC. Sobreposição parcial - PO. Interação tangencialmente correta - TPP. Interação tangencialmente correta inversa - TPP*. O objeto interno não interage tangencialmente com o objeto externo - NTPP. Um objeto externo não interage tangencialmente com um objeto interno - NTPP*. Os objectos são equivalentes - EQ.

A linguagem de agregação espacial SAL permite aos utilizadores explorar relações espaciais: vizinhanças, intersecções, equivalências. Esta linguagem é uma linguagem típica da informática. O conjunto de fontes SAL pode ser descarregado a partir de www.cs.www.cs.purdue.edu/homes/cbk/sal.html.edu/homes/cbk/sal.html ou www.parc.com/zhao/sal.htmlwww.parc.com/zhao/sal.html. Uma lista mais alargada de unidades lógicas para exprimir relações espaciais é apresentada em [237]

As tarefas da lógica espacial são tarefas de verificação, identificação, construção e edição. A lógica de padrões pode ser interpretada como quaisquer propriedades geométricas de objectos espaciais ou relações espaciais definidas em diferentes domínios: ligação topológica de domínios, paralelismo de linhas ou, igualmente, afastamento de dois pontos de um terceiro.

Análise do estado da lógica espacial. Na aceção moderna, a lógica espacial está próxima da lógica modal e da lógica temporal [358]. Um contributo significativo para o desenvolvimento da lógica espacial através da análise da geometria e da sua lógica foi dado por Tarski [359]. Tarski aplicou a lógica de primeira ordem com variáveis pontuais no plano e com predicados não-lógicos que denotam duas relações espaciais primitivas: a relação ternária "entre" e a relação quaternária "equidistância". A linguagem que produziu era suficiente para descrever a geometria euclidiana.

Uma caraterística distintiva da lógica moderna, e especialmente da lógica espacial, é a abordagem por modelos. Utiliza como base diferentes relações entre modelos e objectos espaciais. Como tal, a lógica espacial permite-nos estudar as relações entre imagens geométricas e objectos espaciais reais.

A lógica espacial distingue-se da lógica matemática em três aspectos principais. A primeira diz respeito a conjuntos qualitativamente diferentes de objectos geométricos, que exigem lógicas diferentes e interpretações diferentes: pontos, linhas, áreas de diferentes tipos, superfícies, corpos volumétricos. A segunda diferença fundamental diz respeito à escolha de unidades básicas de descrição qualitativamente diferentes, relações e operações básicas sobre estes objectos. Nesta diferença, as unidades de informação são qualitativamente diferentes. Na lógica matemática são apenas formais. Na lógica espacial, são utilizadas unidades de informação formais e semânticas. A terceira diferença fundamental diz respeito apenas à introdução da incerteza e da modalidade nas descrições lógicas espaciais. Por exemplo, a situação em que o objeto A está mais próximo do objeto B do que o objeto B pertence ao domínio da lógica probabilística e do raciocínio qualitativo.

A base das transformações na lógica matemática são as tautologias e as equivalências. A invariância na lógica espacial é um análogo completo da equivalência ou tautologia na lógica matemática. Um exemplo são os invariantes topológicos. Muitas relações de invariância podem corresponder exatamente à lógica de primeira ordem.

O principal problema da lógica espacial é "generalização - pormenor" ou "simplicidade - complexidade". As análises da complexidade dos modelos de lógica espacial centram-se geralmente em dois problemas: verificação do modelo (determinar se um dado modelo é verdadeiro na interpretação do objeto que lhe corresponde) e verificar se um dado modelo é computacionalmente viável. Muitas vezes, uma tentativa de representar por palavras o modelo espacial da Figura 7 está condenada ao fracasso por factores cognitivos e linguísticos. Ou seja, esta tarefa é intratável.

A maioria das lógicas espaciais acima da primeira ordem contém contradições e conduz a problemas insolúveis de mapeamento de imagens espaciais. Um exemplo de lógicas solucionáveis são as lógicas espaciais interpretadas por modelos topológicos regulares. A linguagem destas lógicas inclui apenas feixes booleanos (sem quantificadores), unidades de informação espacial (primitivas) e representam várias relações e funções topológicas.

A lógica espacial contém, mesmo atualmente, uma série de problemas que se considera não serem ainda totalmente compreendidos. A metodologia geral na generalização lógica espacial consiste em encontrar modelos espaciais expressivos que sejam logicamente analisáveis.

Os métodos convencionais de análise que lidam com modelos simples são muitas vezes impotentes quando confrontados com linguagens interpretadas de acordo com estruturas específicas, como é geralmente o caso da lógica espacial.

Na interpretação expressiva, as vantagens e a eficácia da lógica espacial devem ser registadas. A análise de padrões de representação e interpretação de imagens é uma área de investigação em crescimento que produz aplicações úteis em domínios como o conhecimento espacial e a programação visual. No entanto, as análises formais das representações de imagens que têm sido aplicadas nem sempre têm em conta as formas como as relações espaciais são utilizadas nessa representação.

As representações gráficas na lógica espacial, ao contrário do aparato da lógica matemática, têm recursos para expressar vários tipos de incerteza do mundo real. A principal diferença entre os sistemas gráficos e linguísticos é a utilização de relações. Os modelos espaciais utilizam relações espaciais para representar diretamente o domínio em questão. Os sistemas linguísticos utilizam palavras para representar relações indiretamente e podem ser interpretados de forma diferente, dependendo da inteligência do intérprete.

A lógica espacial moderna é amplamente utilizada na geoinformática, mas em termos de teoria encontra-se num estado de desenvolvimento. A lógica espacial é heterogénea e contém lógicas espaciais especiais. Um conceito comum que pode ser adotado para todas as lógicas espaciais é o conceito de linguagem. Uma lógica espacial particular deve ter a sua própria linguagem lógica. A ausência de uma linguagem não justifica que se fale de uma lógica. Um conceito importante que é aplicado mas mal descrito é o conceito de unidades de informação como unidades de informação lógica e como o alfabeto de uma língua. Qualquer língua tem um alfabeto, que é formado pelas suas unidades de informação. Na lógica matemática, essas unidades são os conectivos lógicos. No raciocínio espacial, essa linguagem é a linguagem da agregação espacial. A lógica teórica-múltipla em geoinformática reflecte as relações e é adequada para trabalhar com objectos de área. A lógica topológica em geoinformática reflecte objectos lineares e é adequada para trabalhar com eles, incluindo fluxos. Estas lógicas complementam-se quando se trabalha com diferentes objectos geoinformáticos. A elevada eficiência da lógica espacial reside na multiplicidade do conteúdo semântico, enquanto a lógica matemática é muito mais pobre. A eficácia da lógica espacial reside na possibilidade de exprimir múltiplas relações espaciais por meio de gráficos. Mas gera uma contradição entre a sua grande expressividade e a complexidade da sua modelização. Até agora, é resolvida pela atração do intelecto humano. Em geral, esta direção está ainda à espera do seu desenvolvimento e generalização teórica.

8.3. Processos computacionais

Na digitalização moderna da sociedade e da governação, a informação espacial é importante [360]. Neste caso, os geodados são de importância crucial [361]. As coordenadas, que determinam a posição na superfície da Terra, são o fator dominante de um objeto imobiliário que afecta o seu valor de mercado. Ao avaliar a eficiência dos projectos de inovação [362-365], o fator espacial afecta a difusão da inovação e deve ser tido em conta. Ao movimentar fluxos de materiais, o fator espacial também afecta o custo do transporte e deve ser tido em conta. A dinâmica do desenvolvimento da sociedade conduz à dinâmica do aparecimento e da mudança dos objectos espaciais. Isto exige uma recolha e atualização regulares da informação espacial [366, 3671]. Uma nova direção na economia - a economia espacial [368], que difere da economia regional e tem os seus próprios métodos e tarefas, surgiu e está a desenvolver-se no estrangeiro. Apesar do desenvolvimento intensivo da economia espacial no estrangeiro, na Rússia esta direção é praticamente uma duplicação da economia regional.

As informações espaciais conduzem à aplicação da modelização espacial [369, 370] e da metamodelização espacial.

Um desafio adicional é o problema dos "grandes dados geoespaciais" [371-373]. Tudo isto torna relevante o tratamento da informação espacial.

Grupos de algoritmos de processamento. A base do processamento da informação espacial são os algoritmos. Os algoritmos para o processamento de informação espacial dividem-se em diretos e heurísticos ou de segundo tipo, e de coordenadas inteiras [374]. que são aplicados no processamento de imagens. A diferença entre algoritmos diretos e heurísticos é que os algoritmos diretos são implementados num computador e excluem o envolvimento humano no processamento. Os algoritmos heurísticos incluem o ser humano no processamento da informação. Este tipo de processamento é designado por processamento interativo. Para o processamento heurístico, um fator importante é o modelo de informação inicial, que requer preparação. Grandes quantidades de informação requerem interpretação antes do processamento. Para este efeito, são utilizados algoritmos de interpretação especiais [375]. A interpretação divide-se em dois grupos: pré-interpretação e pós-interpretação. A pré-interpretação é necessária para analisar a informação primária e organizá-la para posterior processamento algorítmico. A pós-interpretação é necessária para analisar a informação secundária obtida após o processamento algorítmico

O termo interpretação abrange uma vasta gama de algoritmos. A variante mais simples de interpretação está associada ao algoritmo de recodificação. A tecnologia de interpretação de dados pode ser considerada como um processo pelo qual um sistema de dados adquire um novo significado. O algoritmo de tal interpretação baseia-se no projeto construtivo, lógico e funcional que realiza a tecnologia de interpretação.

Existem vários conceitos básicos que são utilizados nos algoritmos de interpretação. Interpretação, um conceito técnico que aproxima uma ideia através da representação de uma estrutura lógica dentro de outra estrutura lógica. Interpretador (interpretador), um programa que executa instruções escritas numa linguagem de programação de alto nível. Função de interpretação, uma função que atribui funções e relações aos símbolos do texto interpretado. Linguagem interpretada, uma linguagem de programação que efectua a compilação de um programa. Muitas vezes, a recodificação é feita através de uma matriz especial. Existe um tipo de interpretação que envolve a codificação e a descodificação e a encriptação e a desencriptação.

A interpretação relacionada com a codificação e a descodificação pode ser considerada como interpretação da forma ou transformação formal do texto. Existe uma interpretação relacionada com a transformação do conteúdo, designada por interpretação semântica. Os algoritmos de interpretação semântica são mais complexos.

A interpretação semântica algorítmica de palavras pertence ao domínio da inteligência artificial, à tradução automática [376]. Num sentido restrito da palavra, esta tecnologia pode ser considerada como interação de informação. Num sentido intermédio, este procedimento está relacionado com as tecnologias cognitivas e o processamento cognitivo da informação [377]. Além disso, existe uma vertente de processamento estatístico de texto [378] e de recuperação cognitiva da informação, que também estão relacionadas com questões de interpretação semântica. A linguística computacional [379] também trata de questões de interpretação semântica. Em geral, deve dizer-se que há muitas abordagens à informação e à interpretação semântica, por um lado. No entanto, a maioria dos trabalhos mais próximos, como "interpretação semântica em sistemas de análise de texto assistidos por computador" [380], está relacionada com o texto e a linguagem natural. Por um lado, a maioria dos trabalhos próximos, como "interpretação semântica em sistemas de análise de texto assistidos por computador" [380], referem-se a texto e linguagem natural. Por outro lado, não existe uma unidade ou mesmo uma generalização destas questões a partir da posição de uma única teoria. A questão da interpretação das linguagens artificiais e das linguagens de informação continua a ser insuficientemente investigada

Uma grande classe de algoritmos de processamento de informação espacial está relacionada com a solução de serifas para a frente e para trás [381] ou, em geral, de problemas para a frente e para trás [382, 383]. A serifa para a frente determina as coordenadas dos objectos no terreno. A serifa para trás determina as caraterísticas do ponto de levantamento. No segundo caso, utilizam-se os pontos de referência, cujas coordenadas são conhecidas na imagem e no terreno.

Os problemas espaciais são frequentemente encontrados na vida real. Os problemas espaciais ocorrem na utilização dos solos, na engenharia, na exploração espacial e na navegação terrestre. Existem problemas espaciais nas ciências militares, na cristalografia, no diagnóstico de feixes e na inteligência artificial. Os problemas espaciais são resolvidos em geodesia, fotogrametria, geoinformática e teledeteção terrestre. Os problemas espaciais são resolvidos na psicologia e nas ciências cognitivas. A ciência que liga a resolução de problemas espaciais é a geometria. É com base nos princípios geométricos que se constroem os algoritmos para a resolução de problemas espaciais. Os problemas espaciais surgem no estudo do problema do risco de cometas e asteróides [384]. A obtenção de conhecimentos espaciais está frequentemente associada à resolução de problemas espaciais. A resolução de problemas espaciais facilita a transformação do conhecimento implícito em conhecimento explícito. Os problemas espaciais são resolvidos aquando da criação da realidade virtual e aumentada. Os problemas espaciais são resolvidos no ensino profissional aquando do ensino de muitas disciplinas. Atualmente, os problemas espaciais são resolvidos utilizando métodos lógicos, o que levou ao aparecimento e desenvolvimento da lógica espacial. Atualmente, os problemas espaciais são resolvidos utilizando a lógica espacial, especialmente porque a lógica serve de base para a construção de algoritmos.

A informação espacial caracteriza-se pela presença de uma situação de informação como um determinado conjunto de objectos relacionados. Por conseguinte, são utilizados algoritmos de processamento de informação situacional [385] e de computação situacional [386].

A situação da informação existe no domínio da informática. No domínio da

A situação de informação é agrupada em três formas qualitativas. Pode ser considerada como uma condição para a resolução de um problema informático. Pode ser considerada como uma estratégia para resolver um problema computacional. Pode ser considerada como um ambiente operacional do processo computacional e servir de instrumento de controlo do processo computacional

Um modelo de computação é um conceito bastante amplo e é interpretado como um conjunto relacionado de operações admissíveis utilizadas para a computação e como um modelo de custos de transação da computação. É sinónimo do termo modelo computacional. Uma situação computacional é interpretada como um conjunto de situações de informação algorítmica admissíveis utilizadas para a computação.

A situação de informação começa a ser aplicada no tratamento da informação e na construção de algoritmos. Descreve um objeto que se encontra em determinadas relações e ligações com o ambiente. A situação de informação pode ser interpretada como um microambiente se for mutável. A situação de informação enquanto microambiente funciona sempre como um complemento ao objeto principal da investigação. A situação de informação pode ser construída no espaço real e no espaço paramétrico. Na resolução de problemas e na organização de cálculos, a situação de informação pode ter significados qualitativamente diferentes. Por exemplo, uma situação de informação é uma condição para a resolução de um problema. Situação de informação como resultado da solução. Situação de informação como um processo de solução. Situação de informação como um estado. Em [387], é introduzida uma nova noção de "situação computacional de informação". Porquê situação informacional computacional e não situação computacional? Uma situação computacional pode descrever o processo de computação sem ter em conta as condições. Uma situação computacional pode descrever o estado de um meio técnico, como a paragem, o congelamento, o looping e outros. Uma situação computacional pode descrever o estado de um processo de computação. Uma situação informática informa sobre as condições de processamento da informação e permite associar os resultados do processamento da informação (incluindo cálculos) às condições de processamento.

Outra direção dos algoritmos está relacionada com o processamento de informação fotogramétrica [388]. Neste caso, dividem-se o processamento fotogramétrico baseado nos princípios da lógica geométrica e o processamento de imagem [389-391] baseado nos princípios do reconhecimento de padrões.

Os algoritmos de tratamento da informação espacial não são uma direção homogénea, mas dividem-se em várias direcções.

1. Uma direção científica baseada na integração da geometria, da informática e das ciências da Terra, que estuda os fenómenos espaciais e temporais no espaço real.
2. Direção aplicada destinada a desenvolver soluções práticas relacionadas com o desenvolvimento da sociedade (afetação de recursos, gestão do território e dos transportes).
3. Produção de meios técnicos especiais (sistemas de medição da informação, instrumentos geodésicos, programas informáticos). O elemento central da resolução de problemas espaciais são as relações espaciais
4. Área da inteligência artificial relacionada com o conhecimento espacial
5. o domínio da psicologia que se ocupa do pensamento espacial.

6. O domínio da ciência cognitiva relacionado com o reconhecimento de padrões cognitivos
7. O domínio da lógica espacial. Relacionado com a construção e o design.
8. Área de monitorização de objectos espaciais
9. Área da engenharia de foguetões, relacionada com o cálculo de trajectórias
10. O domínio da robótica relacionado com a visão estéreo de robôs
11. O domínio dos transportes relacionado com a condução não tripulada

A representação de soluções para problemas espaciais recorre frequentemente a representações digitais e cartográficas.

Assim, o desenvolvimento e a modernização dos algoritmos de processamento da informação espacial é uma direção científica atual e requer mais investigação.

Literatura

1. Tikhonov A.N., Ivannikov A.D., Tsvetkov V.Y. Relações terminológicas // Investigação fundamental. -2009. - № 5. - c.146- 148
2. Gospodinov S.G. Information Fields in Space Research // Russian Journal of Astrophysical Research. Série A, 2023,9(1). C. 10-13
3. Tsvetkov V. Ya. Natural and artificial information field// International Journal of Applied and Fundamental Research. -2014. - №5-2. - c.178 -180
4. Tsvetkov V.Ya. Campo de informação e espaço de informação // International Journal of Applied and Fundamental Research. - 2016. - №1-3. - c.455-456.
5. Chekharin E.E., Tsvetkov V.Ya. Semântica cognitiva no campo da informação // Fórum Eslavo, 2015. - 4(10) - c.348-356.
6. Savinykh V.P. Análise da oposição no domínio da informação // Slavic Forum, 2016. -3(13). - c.236-241.
7. Tsvetkov V. Ya. Espaço de informação, campo de informação, ambiente de informação // Pesquisador europeu. 2014. № 8-1(80). p.1416-1422/
8. Dzhorova S. M. Análise de atributos do domínio da informação geoinformática // Slavic Forum. 2023, 2(40). C. 67-80.
9. Tsvetkov V.Ya. Modelação discreta no domínio da informação // Slavic Forum. 2023, 1(39). C.177-182.
10. Buchkin V.A. Aspectos espaciais do domínio da informação // Slavic Forum. 2023, 2(40). C. 257-268
11. Elsukov P.Y. Extração de conhecimentos ocultos nas tecnologias da informação
campo // Fórum Eslavo. - 2017. -3(17). - c.54-61.
12. Kudzh S.A. Domínio da informação: monografia. - MOSCOU: MAKS
Press, 2017. - 97 c.
13. Tsvetkov, V.Ya. Campo terminológico // Revista internacional
de investigação aplicada e fundamental. - 2016. - №3-3. - c.503.
14. Tsvetkov V.Ya. Formação de definições // Revista Internacional de Investigação Aplicada e Fundamental. - 2016. - №3-3. - c.503-504
15. Tikhonov A.N., Tsvetkov V.Ya. Methods and Systems of Decision Support (Métodos e sistemas de apoio à decisão). - Moscovo: MAKS Press, 2001. -312c
16. Tsvetkov V.Ya. Lógica na ciência e métodos de prova - Moscovo: MGOU, 2012.- 68 p.
17. Tsvetkov V.Ya. Lógica na ciência e métodos de prova. - LAP LAMBERT Academic Publishing GmbH & Co. KG, Saarbrucken, 2012. -84 c.
18. Kudzh C.A., Tsvetkov V.Y. Leis do domínio da informação. -
Moscovo: MAKS Press, 2017. - 80 c
19. Floridi L. O que é a filosofia da informação? //Metafilosofia. - 2002. - T. 33. - №. 1-2. - C. 123-145.

20. Floridi L. A filosofia da informação. - OUP Oxford, 2013.
21. Floridi L. A lógica da informação: uma teoria da filosofia como projeto concetual. - Oxford University Press, 2019.
22. Ivannikov A.D., Tikhonov A.H., Soloviev I.V., Tsvetkov V.Ya. Infosphere and Infology. - M: TORUS PRESS, 2013. -176 c.
23. Tsvetkov V.Ya. Hipótese sobre a evolução do termo "informação" // Perspectivas da ciência e da educação - 2014. - №6 (12). - c.9-13
24. Meyns C. (ed.). Information and the History of Philosophy. - Routledge, 2021.
25. Khasanov E. Derivação explícita e implícita // Arquivo JSPI de Publicações Científicas. - 2020.
26. Buyanova L. Yu. Derivação terminológica na linguagem da ciência: cognitividade, semioticidade, funcionalidade. - Sociedade de responsabilidade limitada FLINTA, 2011. - C. 389-389.
27. Todosienko 3. V. A derivação semântica como a mais importante mecanismo da dinâmica de conteúdo da língua (sobre o material das línguas russa e inglesa) // Estudos fundamentais. - 2014. - T. 3. - №. 5.
28. Vanyagina M. R. Algoritmização do ensino da gramática de línguas estrangeiras numa escola militar superior // Letters to Emission. Offline. - 2022. - №. 6. - C. 3083.
29. Sokolova E. S., Razinkin K. A. Algoritmização de sistemas multi-agente aprendizagem por reforço em problemas de pesquisa de estratégias óptimas na teoria dos jogos // Modelação, otimização e tecnologias da informação. - 2020. - T. 8. - №. 1. - C. 21-22.
30. Poryvaeva N. F. Algoritmização do direito e princípios do direito //Sociedade: política, economia, direito. - 2021. - №. 4 (93). - C. 67-69.
31. Kuj S.A., Tsvetkov V.Y. Lógica e algoritmos. - Moscovo: MAKS Press, 2019. - 112 c.
32. Serikh L. V., Kondakov V. L., Voloshina L. N. Algoritmo Conceção e implementação de tecnologia de socialização de crianças em idade pré-escolar na atividade lúdico-motora // Problemas Modernos de Ciência e Educação. - 2020. - №. 5. - C. 18-18.
33. Schennikov A. N. Situações lógicas na conceção de algoritmos // Fórum Eslavo. - 2018. - №. 3. - C. 137-143.
34. A. S. Filippova, Y. I. Valiakhmetova, E. I. Dyaminova. Conceção de algoritmos de colocação geométrica baseados em tecnologias matriciais e de níveis // Vestnik da Universidade Técnica de Aviação do Estado de Ufa. - 2016. - T. 20. - №. 4 (74). - C. 114124.
35. Tsvetkov V.Ya. Resolução de problemas com recurso a sistemas análise // Perspectivas da Ciência e da Educação - 2015. - №1(13). - c.50-55.
36. Kudzh S.A., Tsvetkov V.Y. Abordagem sistémica na investigação de

dissertação // Perspectivas da Ciência e da Educação-2014. - №3(9). - c.26-32.
37. Tsvetkov V.Y. Teoria dos sistemas. - Moscovo: MAKS Press, 2018. - 88 c.
38. Mesarovich M., Takahara N. Teoria geral dos sistemas: fundamentos matemáticos. - M.: Mir, 1978 -311 pp.
39. Kudj S. A. Abordagem sistémica // Fórum Eslavo. - 2014. - 1(5). - c.252 -257.
40. Kozlov, A.V. Análise sistémica de sistemas subsidiários // Slavic Fórum. -2019. - 1(23). - c.116-122.
41. Matchin, V.T. Análise do sistema na atualização da base de dados // Fórum Eslavo. -2019. - 1(23). - c.123-130.
42. Oznamets V.V. Análise do sistema de apoio geodésico // ITNOU: Tecnologias da informação na ciência, educação e gestão. - 2019. - № 1(11). - c. 53-55.
43. Kolmogorov A., Fomin S. Elementos da teoria das funções e Uma análise funcional. - Litros, 2018/.
44. Yosida K. Análise funcional. - Springer Science & Business Media, 2012.
45. Conway J. B. Um curso de análise funcional. - Springer, 2019. - T. 96.
46. Dieudonne J. História da análise funcional // Análise funcional, Holomorfia e Teoria da Aproximação. - CRC Press, 2020. - C. 119-129.
47. Yurkovetskiy L. et al. Análise estrutural e funcional da variante D614G da proteína spike do SARS-CoV-2 //Cell. - 2020. - T. 183. - №. 3. - C. 739-751. e8.
48. Nomokonova O. Yu. Tipos de correspondências de informação // Fórum Eslavo. -2018. - 2(20). - c.44-49.
49. Tsvetkov V.Ya. Conformidade da informação // Internacional Revista de investigação aplicada e fundamental. - 2016. - №1 - 3. - c.454-455.
50. Tsvetkov V.Ya. Relação, ligação, correspondência // Fórum Eslavo, 2016. -2(12). - c.272-276.
51. Tsvetkov V.Ya., Chekharin E.E. Conformidade da informação na interações de informação // Fórum Eslavo. - 2017. -3(17). - c.8388.
52. Ozherel'eva T.A. Conformidade da informação e morfismo da informação no domínio da informação // ITNOU: Tecnologias da Informação na Ciência, Educação e Gestão. - 2017. -№4. - c.86-92
53. Bulgakov, S.V. Correspondência de informações na modelação da geoinformação // Fórum Eslavo. - 2017. -4(18). - p.7- 13yu
54. Voishvillo E.K. O princípio da correspondência como forma de desenvolvimento do conhecimento e o conceito de verdade relativa. Crítica do conceito de incomensurabilidade de teorias sucessivas. // Lógica e V.E.K.: Coleção de trabalhos científicos: Para o 90º aniversário do nascimento do Prof. Voyshvillo Evgeny Kazimirovin. - M.: Sovremennye tetradi, 2003. - c.11 -21.
55. Tyagunov A.M., Tsvetkov V.Ya. Lógica das observações espaciais //

Jornal Russo de Investigação Astrofísica. Série A, 2021,7(1): 43-48
56. Bolbakov R.G. Lógica descritiva no domínio da informação // Fórum Eslavo. -2018. - 3(21). - c.62-67.
57. Bolbakov, R.G.; Tsvetkov, V.Ya. Inferência abdutiva // Eslavo Fórum. -2018. - 3(21). - c.68-72.
58. Nomokonova O.Yu. Incerteza e lógica ternária // Fórum Eslavo. -2018. - 3(21). - c.108-113.
59. Oznamets V.V. Lógica do apoio geodésico // Fórum Eslavo. -2018. - 3(21). - c.114-119.
60. Nomokonova O.Yu. Lógica probabilística no diagnóstico // Fórum Eslavo. -2019. - 2(24). - c.44-50
61. Elsukov P. Yu. Lógica cognitiva // Fórum eslavo. -2020. - 3(29). -c.87-95.
62. Nomokonov I. B. Lógica espacial no diagnóstico radial // Fórum Eslavo. -2020. - 3(29). -c.129-139.
63. Tyagunov A.M., Tsvetkov V.Ya. Lógica probabilística na Algoritmização // Fórum Eslavo. 2021, 2(32). C.234-243.
64. Tsvetkov, V.Ya. Algorithmic logic // Fórum Eslavo. 2021, 4(34). C. 142-150
65. Tsvetkov V.Ya. Argumentação e lógica // Fórum Eslavo. 2022, 2(36). C. 163-174
66. Tsvetkov V.Ya. Cognitive logic // ITNOU: Information technologies in science, education and management. - 2019. - № 1(11). - c. 106-110.
67. Tsvetkov V.Ya. Spatial knowledge and spatial logic // ITNOU: Information technologies in science, education and management. - 2019. - № 3 (13). - c.17-26.
68. Rogov I.E. Lógica e algoritmos de processamento de informação - LAP Lambert Academic Publishing, 2019. -113 c. ISBN 978-620-0-46317-3
69. Tsvetkov V.Ya. Lógica espacial em geoinformática // Vetor GeoSciences. 2020. T. 3. № 2. C. 91-100.
70. Tsvetkov V. Ya. Aplicação da lógica temporal para atualizar construções de informação // Slavic Forum. -2015. - 1(7) - c.286-292.
71. Kozlov A.V., Tsvetkov V.Ya. Apoio à tomada de decisões com aplicação da lógica intuicionista // Fórum Eslavo. -2018. - 3(21). - c.93-98.
72. Tsvetkov V.Ya. Elementos de lógica cognitiva // Fórum Eslavo. 2021, 2(32). C.244-250
73. Savinykh V.P. Desenvolvimento da lógica cognitiva// Fórum Eslavo. 2021, 3(33). C. 140-155.
74. Buravtsev A.V. Utilização da lógica temporal intervalar de Allen em sistemas organizacionais e técnicos complexos // Informatização da educação e da ciência. - 2018, -№ 1(37). - C. 93-103.

75. Ozherelieva T. A. Aplicação da lógica probabilística na
testes // ITNOU: Tecnologias da Informação na Ciência, Educação e Gestão. - 2019. - № 1(11). - c. 8-16
76. Tyagunov A. M. Algoritmos de análise probabilística e espacial
de lógica. - Saarbruken, 2021. -153 c. ISBN 978-620-3-91161-9
77. Tsvetkov V.Ya. Lógica de construção de algoritmos. - Saarbruken, 2021. - 109 c.
78. Tsvetkov V.Y., Ismas D.M. Desenvolvimento da lógica cognitiva // Actas da IX Conferência Científica Internacional "IT - STANDARD 2019. - c.171-175
79. Kozlov, A.V.; Titov, E.K. Áreas de aplicabilidade de algoritmos não sequenciais (em russo) // IT - Standard. 2021. 4(29). c.45-50
80. S.G. Gospodinov Raciocínio lógico na investigação científica
// ITNOU: Tecnologias da informação na ciência, educação e gestão. - 2018. - № 6 (10). -C. 41-48.
81. Mirkowska G., Salwicki A. Algorithmic logic. - Springer Science & Business Media, 1987.
82. Onwuegbuzie A. J. J., Leech N. L., Collins K. M. T. Técnicas de análise qualitativa para a revisão da literatura //Qualitative Report. - 2012. - T. 17. - C. 56.
83. Ezzy D. Qualitative analysis. - Routledge, 2013.
84. Raev V. K. Análise qualitativa utilizando a teoria das preferências// Slavic Forum. -2019. - 2(24). - c. 57-64
85. Matchin V.T., Tsvetkov V.Ya. Análise qualitativa // Eslavo
Fórum. -2020. - 3(29). -c.205-213.
86. Rose R., Mackenzic W. J. M. Comparing forms of comparative analysis //Political studies. - 1991. - T. 39. - №. 3. - C. 446-462.
87. Kuj C.A. Análise comparativa de oposição // Fórum Eslavo. -2020. - 1(27). - c.38-47
88. Nomokonova O. Yu. Análise comparativa dicotómica na
diagnóstico médico // Fórum eslavo. -2020. - 1(27). -c.59-66
89. Aliboeva N. A expressão da análise comparativa //Ciência e inovação. - 2022. - T. 1. - №. B7. - C. 93-95.
90. Ivannikov A.D., Tikhonov A.H., Mordvinov V.A. Aquisição de conhecimentos por métodos de informática e geoinformática // Boletim da Universidade Estatal Regional de Moscovo. - 2012. - №3. - c 140-142.
91. Tsvetkov V.Ya. Extração de conhecimentos para a formação de recursos de informação. - M.: GNII IOT. 2006. - 158 c.
92. Bolbakov R. G., Tsvetkov V.Ya. G., Tsvetkov V.Y. Extração de conhecimentos no domínio da informação // Slavic Forum. 2021, 4(34). C. 171-179
93. Tsvetkov V.Ya. Obtenção de conhecimentos no domínio da informação. - Saarbruken, 2021. -193 c.

94. Solov'ev I.V., Tsvetkov V.Ya. On the content and interrelations of categories "information", "information resources", "knowledge" // Distance and Virtual Learning. - 2011. - №6 (48) - c.11-21
95. Gospodinov S.G. Modern Informatics. - Saarbruken, 2023. - 157 c.
96. Polyakov A.A., Tsvetkov V.Ya. Informática Aplicada. - M.: Janus-K, 2002. - 392 c.
97. Kozlov A.V., Rogov A.V. Algoritmo como ferramenta de extração conhecimento // Fórum Eslavo. 2021, 4(34). C.30-41.
98. Ozherel'eva T.A. Técnicas e métodos lógicos utilizados na extração de conhecimento // ITNOU: Information Technologies in Science, Education and Management. - 2018. - № 6 (10). -C.69-77
99. Kuzhelev P. D. Conhecimento espacial para a gestão dos transportes // Conselheiro de Estado. - 2016. - №2. - c 17-22.
100. Tsvetkov V.Ya. Formação do conhecimento espacial: Monografia. - Moscovo: MAKS Press, 2015. - 68 c.
101. Ivannikov, A.D. Extração de conhecimentos por métodos de geoinformática// Fórum Eslavo. -2020. - 4(30). -c.262-272.
102. Tsvetkov V.Ya. Conhecimento implícito e suas variedades // Vestnik Universidade da Mordóvia. - 2014. - T. 24. № 3. - c.199-205
103. Tsvetkov V. Ya. Análise do conhecimento implícito // Perspectivas da ciência e da
Educação. - 2014. - №1 (7). - c.56-60
104. Kuj S. A. Conhecimento implícito no domínio da informação // Slavic Fórum. -2018. - 3(21). - c.14-20
105. Elsukov P.Y. Extração de conhecimentos tácitos em programas educativos tecnologias // Fórum Eslavo. 2021, 1(31). C.112-125
106. Savinykh V.P. Conhecimento explícito e implícito // Fórum Eslavo. -2020. - 2(28). -c.103-111.
107. Tsvetkov V. Ya. Linguagem da informática // Uspekhi sovremennoi Ciências Naturais. - 2014. - №7. - c.129-133.
108. Raev V.K. As unidades de informação nas ciências da informação //. Recursos e tecnologias educativas. - 2022. - № 1 (38). - C. 68-75.
109. Tsvetkov V. Ya. Semântica das unidades de informação // Uspekhi das ciências naturais modernas. - 2007. - №10. - c.103-104.
110. Todorova A.I. Teoria das unidades de informação // In Collection: As modernas tecnologias da informação. Coletânea de artigos científicos da 9ª Conferência Científica e Técnica Internacional. Burgas, 2023. C. 220-228.
111. Frans H. Van Eemeran, Rob Grootendorst (2004). "Uma teoria sistemática da argumentação". Publicado pelo Sindicato de Imprensa da Universidade de

Cambridge. Filosofia: 12.

112. Ihnen Jory C. Negociação e deliberação: Percebendo a diferença //Argumentação. - 2016. - T. 30. - №. 2. - C. 145-165.

113. 33. Tsvetkov V. Ya. Interação da informação // Investigador europeu. 2013. № 11-1 (62). C. 2573-2577

114. Tsvetkov V.Ya. Impacto da informação e interação // Fórum Eslavo. -2020. - 4(30). -c.144-151

115. Van Eemeren F. H. et al. Handbook of argumentation theory. Uma visão abrangente do estado da arte. - 2014.

116. Tsvetkov V.Ya. Lógica na ciência e métodos de prova. - Saarbrucken, 2012. -84 c.

117. Gordon T. F., Prakken H., Walton D.. O modelo Carneades de argumentação e ónus da prova //Artificial Intelligence. - 2007. - T. 171. - №. 10-15. - C. 875896

118. Raev V.K., Tsvetkov V.Ya. Cadeias lógicas // Distância e Aprendizagem virtual. 2018. - № 1(120). - c.14-21

119. Walton, Douglas; Krabbe, E. C. W. (1995). Compromisso no diálogo: Basic Concepts of Interpersonal Reasoning (Conceitos básicos de raciocínio interpessoal). Albany: SUNY Press

120. Psathas, George (1995): Conversation Analysis, Thousand Oaks: Sage Sacks, Harvey. (1995). Lectures on Conversation. Blackwell Publishing

121. Gross A. G. The rhetoric of science. - Harvard University Press, 1990.

122. Jacques Ellul, Propaganda, Vintage, 1973.

123. Tsvetkov V.Ya. Domínio da informação e domínio da informação espaço // Revista Internacional de Investigação Aplicada e Fundamental. - 2016. - №1-3. - c.455-456.

124. Toulmin, Stephen E. (1958). The Uses of Argument. Cambridge University Press. ISBN 978-0521092302.

125. Charles Arthur Willard. "Some Questions About Toulmin's View of Argument Fields". Jack Rhodes e Sara Newell, eds. Actas da Conferência de verão sobre Argumentação. 1980. "Teoria dos Campos: Uma Meditação Cartesiana". George Ziegelmueller e Jack Rhodes, orgs. Dimensions of Argument: Proceedings of the Second Summer Conference on Argumentation.

126. G. T. Goodnight, "The Personal, Technical, and Public Spheres of Argument" [As esferas pessoal, técnica e pública da argumentação]. Journal of the American Forensics Association. (1982) 18:214-227.

127. Bruce E. Gronbeck. "Noções socioculturais de campos de argumentação: uma cartilha". George Ziegelmueller e Jack Rhodes, eds. Dimensions of Argument: Proceedings of the Second Summer Conference on Argumentation. (1981) 1-20.

128. Van Eemeren F. H. et al. Handbook of argumentation theory. Uma visão abrangente do estado da arte. - 2014.

129. Ver Ray E. McKerrow. "Argument Communities: A Quest for Distinctions
130. Walton, Douglas (2013). Methods of Argumentation (Métodos de Argumentação). Cambridge: Cambridge University Press.
131. Walton, Douglas; Reed, Chris; Macagno, Fabrizio (2008). Argumentation Schemes (Esquemas de Argumentação). Nova Iorque: Cambridge University Press
132. David Zarefsky. "Product, Process, or Point of View? Jack Rhodes e Sara Newell, ed.s Proceedings of the Summer Conference on Argumentation. 1980.
133. Walton D., Zhang N. A epistemologia das provas científicas //Artificial Intelligence and Law. - 2013. - T. 21. - №. 2. - C. 173-219.
134. Tsvetkov V. Ya. Construções de informação // Jornal Europeu de Tecnologia e Design. -2014. № 3(5). - p.147-152
135. Anderson R. L., Mortensen C. D. A lógica e a argumentação no mercado //Quarterly Journal of Speech. - 1967. - T. 53. - №. 2. - C. 143-151.
136. Tsvetkov V. Ya. Construções de informação // Jornal Europeu de Tecnologia e Design. -2014. № 3(5). - p.147-152.
137. Tsvetkov, V.Ya. The use of oppositional variables to analyse the quality of educational services (em russo) // Modern science-intensive technologies. - 2008. - №1. - c.62-64.
138. Savinykh V.P. Análise da oposição no domínio da informação // Slavic Forum, 2016. -3(13). - c.236-241.
139. Tsvetkov V.Ya. Análise dicotómica da complexidade do sistema // Perspectivas da Ciência e da Educação - 2014. - №2 (8). - c.15-20.
140. Kuj, S.A. Análise estrutural dicotómica // Fórum Eslavo. - 2017. -2(16). - c.7-11.
141. Domashuk P.V. Algoritmo para avaliar o componente de corrupção em licitações // Fórum Eslavo, 2015. - 2(8) - c.68 - 74.
142. Tsvetkov V.Y., Nomokonova O.Yu. Diagnóstico algorítmico da tosse // Medicina e altas tecnologias. 2017. - 2. - c.5357.
143. Bogoutdinov B.B., Tsvetkov V.Ya. Aplicação do modelo de recursos complementares na atividade de investimento // Vestnik of Mordovian University. - 2014. - T. 24. № 4. - c.103-116.
144. Averina T. A. Algoritmo estatístico para modelação de sistemas dinâmicos com estrutura variável // Siberian Journal of Computational Mathematics. - 2002. - T. 5. - №. 1. - C. 1-10
145. Selmanova N.N., Tsvetkov V.Y. Aplicação de métodos estatísticos
método de cálculo da área de um objeto areal // Perspectivas da Ciência e da Educação. - 2018. - №1(31). - c.55-60.
146. Galaev A. B. et al. Algoritmo lógico-estatístico para identificação
através de poros e a sua aplicação na análise da estrutura de nanomateriais // Applied Informatics. - 2013. - №. 2 (44). - c42-48.

147. Cormen T. et al. Algoritmos. Construção e análise. - Editora Williams House, 2009.
148. Tsvetkov V.Ya. Algoritmos para a resolução de problemas diretos e inversos tarefa espacial. // Informatização e Comunicação. - 2017. - №2. - c.71-75.
149. Cormen, Thomas H.; Leiserson, Charles E.; Rivest, Ronald L. Introduction to Algorithms.- 1st.- MIT Press and McGraw-Hill, 1990.- 863p. ISBN 0-262-03141-8.
150. Nechepurenko M. I. I., Popkov V. K., Mainagashev S. M. Algoritmos e Programas para a resolução de problemas em grafos e redes. - Nauka, departamento de Sib., 1990.
151. Matemática. Grande Dicionário Enciclopédico /Editor-chefe Yu. Prokhorov. 3ª ed., Moscovo. - Moscovo: Grande Enciclopédia Russa, 2000. - 848c.
152. https://ru.wikipedia.org/wiki/anropHTM data view 14.06.2023.
153. https://gtmarket.ru/concepts/7178/ data view 14.06.2023.
154. Tsvetkov V.Ya., Cheharin E.E. Algoritmo de interpretação semântica linear // Slavic Forum. - 2017. -1(15). - c.134-140.
155. Chekharin E. E. Algoritmos para interpretação de dados de sensoriamento remoto // Fórum Eslavo. - 2015. - №. 3. - C. 301-308..
156. Tsvetkov V.Ya., Chekharin E.E. Algoritmo de informação interpretação // Informatização e Comunicação. - 2017. - №2. - c.76-80.
157. Bolbakov R.G. Desenvolvimento e aplicação de métodos e algoritmos cognitivo-semânticos em sistemas de portais educativos multimédia. D.D.Sc. especialidade 05.13.01. - M.:MIREA, 2013. - 136c.
158. I. P. Deshko, K.G. Kryazhenkov, E.E. Cheharin. Tecnologias Virtuais // Modelação da Inteligência Artificial. 2016, Vol. 9, Is. 1, pp. 33-43. DOI: 10.13187/mai.2016.9.33 www.ejournal11.com
159. Tsvetkov V. Ya. Modelação virtual // Jornal Europeu de Tecnologia e Design, 2016, 1(11), pp. 35-44.
160. Tanenbaum E., M. van Steen. .Sistemas Distribuídos. Princípios e paradigmas - SPb.: Peter, 2003. - 877c.
161. Karpov Yu. G. Verificação de modelos. Verificação de sistemas de software paralelos e distribuídos. - BHV-Peterburgo, 2010.
162. Tsvetkov V. Ya. Ciência Cognitiva da Recuperação de Informação // Revista Europeia de Estudos Psicológicos, 2015, 1(5). - p.37-44
163. Rosenberg I.N. Complexidade da recuperação de informação // Recursos educativos e tecnologia. - 2017. - №1 (18). - c.41-49/
164. Moiseev N. Algoritmos de desenvolvimento. - Moscovo: Nauka, 1987. - 304c.
Reedição de 2017, pela Litres Publishers
165. Tsvetkov V. Ya. Algoritmos como meio de cognição // Tecnologias da

Informação. - 2018. - 8 (24). - c.507-515.
166. Kiryushkin M. V. Jurisprudência orientada por algoritmos //. Ros.jurid. juri. - 2007. - №. 3. - C. 19.
167. Istomin V. V. Algoritmo de comportamento de grupos de autónomos Agentes inteligentes para sistemas biomédicos baseados na teoria da inteligência de enxame //Pricaspian Journal: Management and High Technologies. - 2013. - №. 3. - C. 054-063.
168. Tsvetkov V.Ya. Corporate governance: monografia. - Sofia. 2023. - 123 c.
169. Tsvetkov V. Ya. Corporate governance // Modern Management Technologies. 2022. 4(100)
170. Bronnikov S.V. Corporate group management of spacecraft flight // Slavic Forum. 2022, 2(36). C. 60-67.
171. Shtovba S. D. Ant algorithms //ExponentaPro. Matemática em Aplicações. - 2003. - T. 4. - C. 70-75.
172. Tsvetkov V.Ya., Kozlov A.V. Using models of living organisms to analyse the evolution of complex organisational and technical systems // Educational Resources and Technologies. - 2019. - №4 (29). - c.68-76
173. Tsvetkov V.Ya. Análise estrutural baseada em algoritmos de sistemas vivos // Biogeosystem Technique. 2016. № 1 (7). C. 87-95.
174. Tsvetkov V.Ya. Solução incremental do problema de segundo tipo no exemplo de um sistema vivo // Biosciences Biotechnology Research Asia. 2014. T. 11. № S. C. 177-180.
175. Zvenigorodskaya L. A., Samsonova H. G., Toporkov A. C. Doença isquémica crónica dos órgãos digestivos: algoritmo de diagnóstico e tratamento //RMZh. - 2010. - T. 18. - №. 9. - C. 544-548.
176. Karavaeva E. V. Algoritmo recomendado para a conceção de programas de ensino superior // Ensino superior na Rússia. V. Algoritmo recomendado para a conceção de programas de ensino superior // Ensino superior na Rússia. - 2014. - №. 89. - c.5-15.
177. Rogov, I. E. Desenvolvimento de algoritmos para sistemas de formação // Fórum Eslavo. -2019. - 3(25). - c.56-66.
178. Tsvetkov V.Ya., Obolyayeva N.M. Utilização de uma abordagem correlativa para a gestão do pessoal de uma instituição de ensino // Ensino à distância e virtual. - 2011. - №8. - c.4- 9.
179. Rogov, I.E. Processamento de informação cognitiva // Slavic Fórum. -2020. - 4(30). -c.378-385
180. Rogov I.E. Métodos e algoritmos de processamento educacional informação // Fórum Eslavo. 2021, 1(31). C.211-227.
181. Kulagin V. P., Tsvetkov V.Ya Caraterísticas dos testes multinível //

Aprendizagem à distância e virtual. - 2013. - №4. -c.5-12.
182. Rogov I.E. Análise de modelos e sistemas de teste //. Recursos educativos e tecnologia. - 2019. - №4 (29). - c.53-60
183. Kulagin V.P., Tsvetkov V.Y. Modelos de testes multinível // Informatização da educação e ciência. - 2013.- № 3. - c 95-101.
184. Matchin V.T., Rogov I.E. Ciclo de vida do software Suporte de sistemas de aprendizagem // Recursos e tecnologias educativas. - 2020. - № 1 (30). - C. 49-57.
185. Rogov I.E. Análise algorítmica das tecnologias de ensaio LAP Lambert Academic Publishing, 2019. -121 c.
186. Lord, F.M. (1980). Applications of item response theory to practical testing problems. Mahwah, NJ: Lawrence Erlbaum Associates, Inc.
187. Tsvetkov V.Ya. Aplicação da teoria da resposta// Fórum Eslavo. - 2018. - 1(19). - c.77-81.
188. Tsvetkov, V.Ya.; Voinova, E.V. Modificação do modelo Rasch para estimativa de testes livres // Boletim da Universidade Estadual de Engenharia de Rádio de Ryazan. - 2018.- №1(63). - c.90-94.
189. Thissen, D. & Orlando, M. (2001). Teoria da resposta ao item para itens pontuados em duas categorias. Em D. Thissen & Wainer, H. (Eds.), *Test Scoring* (pp. 73-140).
Mahwah, NJ: Lawrence Erlbaum Associates, Inc.
190. de Ayala, R.J. (2009). The Theory and Practice of Item Response Theory, Nova Iorque, NY: The Guilford Press. (6.12), p.144.
191. Tsvetkov V.Ya. Direcções dos testes na esfera da educação // Educação pedagógica profissional adicional moderna. - 2017. - № 2. - c.72 -80.
192. Nomokonova O. Yu. Modelação estrutural de factores sociais // Slavic Forum. - 2017. -2(16). - c.57-61.
193. Lytneva N. A., Komarevtseva O.. O. Algoritmo de controlo financeiro e avaliação do investimento do ensino municipal para o estudo da eficiência dos sistemas económicos // International Journal of Applied and Fundamental Research. - 2015. - №. 11-2. - C. 290-295.
194. Samarsky A. A. Modelação matemática e experiência computacional //Vestnik An USSR. - 1979. - T. 5. - c.469-486.
195. Tsvetkov V. Ya. Algoritmo de processamento de informação qualitativa na avaliação de preferências // Slavic Forum, 2016. -4(14). - c.268-274.
196. Buravtsev, A.V. Sistemas tecnológicos complexos// Eslavo Fórum. - 2017. -4(18). - c.14-19.
197. Ozherel'eva T.A. Descriptive models // International Journal of Applied and Fundamental Research. - 2016. - №5. (Parte 4) - p. 675-
675

198. Tsvetkov V.Ya. Modelos de informação descritivos e prescritivos // Ensino à distância e virtual-2015. - №7. - c.48- 54.
199. TsvetkovV. Ya. A assimetria de informação como fator de risco // Investigador europeu. Série A. 2014, Vol.(86), No. 11-1, pp. 1937-1943.
200. Tsvetkov V. Ya. Avaliações de assimetria de informação // Ciência Aplicada Moderna; 2015; № 6 (9); pp.243-247.
201. Tsvetkov V.Ya. Information asymmetry in education // Ensino à distância e virtual-2015. - №5. - c.4- 12.
202. Obolyayeva N.M. A eliminação da assimetria de informação como uma ferramenta para melhorar a qualidade do ensino // Izvestiya vysshee obrazovaniya vysshee obrazovaniya. Geodesia e fotografia aérea. - 2012. - №6. - c. 123 - 124.
203. Matchin V. A. A incerteza como fator de necessidade atualização de bases de dados // Recursos e Tecnologias Educativas - 2017. -2 (19). - c.98-104.
204. Nomokonova O. Yu. Incerteza da informação em interação da informação // Fórum Eslavo. - 2017. -1(15). - c. 104110.
205. Tsvetkov V.Ya. Incerteza e certeza da informação nas ciências da informação // Tecnologias da informação. - 2015. - №1. -c.3-7
206. Rogov, I.E.; Tsvetkov, V.Ya. Algoritmos de primeiro e segundo tipo // Slavic Forum. -2020. - 4(30). -c.105-116.
207. Tsvetkov V.Ya. Complexidade dos algoritmos do primeiro tipo // Recursos e tecnologias educativas. - 2020. - № 4 (33). - C. 73-80.
208. Schennikov, A.E. Modelos de algoritmos diretos // Fórum Eslavo. - 2017. -4(18). - c.103-109.
209. Tsvetkov V.Ya., Kozlov A.. V. Algoritmo de metaheurística subsidiária // Recursos e tecnologias educacionais. - 2022. - № 4 (41). - C.87-95.
210. Tsvetkov, V.Ya. Resolução de problemas do segundo tipo utilizando a abordagem da informação // International Journal of Applied and investigação fundamental. - 2014. - №11-2. - c.191-195
211. Nonaka, I. (1994). Uma teoria dinâmica da criação de conhecimento organizacional. *Ciência da Organização*, 5(1), 14-37/
212. Tsvetkov, V.Ya. Conhecimento implícito na investigação espacial. Perspectivas da ciência e da educação - 2015. - №4(16). - c.19-27
213. Tsvetkov V.Ya. Conhecimento implícito na educação // Internacional Revista de investigação aplicada e fundamental. - 2016. - №3-3. - c.504505.
214. Sigov A.S., Tsvetkov V.Y. Conhecimento implícito: oposição análise lógica e tipologização // Boletim da Academia Russa de Ciências, 2015, Vol. 85, No. 9, - p.800-804.
215. Tsvetkov V. Ya. Situação da informação e posição da informação como

ferramenta de gestão // Investigador europeu. 2012, 12-1 (36), p.2166- 2170.
216. Potapov A. S. Situação da informação e situação da informação posição no domínio da informação // Fórum Eslavo. - 2017. - 1(15). - c.283289.
217. Rosenberg I.N., Tsvetkov V.Y. Situação da informação. // Revista Internacional de Investigação Aplicada e Básica. - 2010. - 12. - c.126-127.
218. Ozherelieva T.A. Situação da informação como ferramenta de gestão // Slavic Forum, 2016. -4(14). - c. 176-181.
219. Tsvetkov V.Ya. Modelo de situação de informação // Perspectivas Ciência e Educação. - 2017. - №3(27). - c.13-19.
220. Tsvetkov, V.Ya. Sistemática das situações de informação // Perspectivas da ciência e da educação. - 2016. - №5(23). - c.64-68.
221. Selmanova N.N. A situação da informação como instrumento avaliação de bens imóveis // Fórum eslavo. -2018. - 2(20). - c.90-96.
222. Ozherel'eva T. A. Análise estrutural de sistemas de gestão // State Advisor. - 2015. - №1. - c40-44.
223. Polyakov A. A., Tsvetkov V. Ya. Tecnologias da informação na gestão. - Universidade Estatal de Moscovo, Faculdade de Administração Pública, 2007. - 138c.
224. Tsvetkov V.Ya. Desenvolvimento de tecnologias de gestão // O Estado Conselheiro. - 2015. - №4(12). - c.5-10.
225. Lototsky V.L. Princípios da gestão da informação // Fórum Eslavo, 2016. - 4(14). - c.149-154.
226. Tsvetkov V.Ya. A tríade como sistema interpretativo. // Perspectivas da ciência e da educação. - 2015. - №6. - c.18-23.
227. Kudzh S. A., Tsvetkov V. Y. Análise comparativa triádica //Journal of mechanics of continua and mathematical sciences. Edição especial. - 2020. - №. 10. - C. 745-754.
228. Jongsma, 2014 - Jongsma, C. (2014). A lógica trinitária de Poythress: um ensaio de revisão. // *Pro Rege*, *42*(4), 6-15
229. Oleynik A. H. Triangulação na análise de conteúdo. perguntas metodologias e verificação empírica // Sociological Research. - 2009. - №. 2. - C. 65-79.
230. Tsvetkov V.Ya. A tríade como instrumento de análise científica // Fórum Eslavo, 2015. - 3(9) - c.294-300.
231. Tsvetkov V.Ya. Externalização do conhecimento implícito // International Revista de investigação aplicada e fundamental. - 2016. - № 12-1. - C156-161
232. Nomokonov I.B. Externalização dos conhecimentos no domínio do diagnóstico por radiação
// Fórum Eslavo, 2016. -2(12). - c.204-208.
233. Rosenberg, I.N.; Kozlov, A.V. Logical analysis of the control schemes (em

russo) //.
Fórum Eslavo. -2018. - 2(20). - c.83-89.
234. Tsvetkov V.Ya. Aderência lógica // Fórum Eslavo. -2018. - 3(21). - c.126-130.
235. Schennikov A.N. Situações lógicas na conceção de algoritmos // Fórum Eslavo. -2018. - 3(21). - c. 137-143.
236. Pavlov A.I. Situações e construções lógicas // Eslavo Fórum. -2020. - 1(27). -c.67-76.
237. Raev V.K., Tsvetkov V.Ya. Cadeias lógicas // Aprendizagem à distância e virtual. 2018. - № 1(120). - c.14-21
238. Fearnhead P., Wyncoll D., Tawn J. Um algoritmo de suavização sequencial com custo computacional linear //Biometrika. - 2010. - T. 97. - №. 2. - C. 447-464.
239. Shen Z. et al. Many sequential iterative algorithms can be parallel and (nearly) work-efficient //Proceedings of the 34th ACM Symposium on Parallelism in Algorithms and Architectures. - 2022. - C. 273-286.
240. Tsvetkov V. Ya., Matchin V. T. Conversão de informação em recursos de informação// Revista Europeia de Tecnologia e Design. - 2014. - № 2(4), p.92-104
241. Hippke M., Heller R. Algoritmo optimizado de deteção de trânsitos para procurar trânsitos periódicos de pequenos planetas //Astronomy & Astrophysics. - 2019. - T. 623. - C. A39.
242. Anikina G.A., Polyakov M.G., Romanov L.N., Tsvetkov V.Ya. Sobre a Extração de contornos de imagens utilizando modelos lineares treinados. // Izvestia da Academia de Ciências da URSS. Cibernética técnica. -1980. - №6. - c.36-43
243. Lynchenko A., Sheshkus A., Arlazarov V. L. Algoritmo de reconhecimento de imagens de documentos baseado na métrica de similaridade robusta a distorções projectivas para dispositivos móveis /Eleventh International Conference on Machine Vision (ICMV 2018). - Sociedade Internacional de Ótica e Fotónica, 2019. - T. 11041. - C. 110411K.
244. Xingyun Q., Shaobin C., Yanwei H. Um algoritmo para identificação de linhas costeiras de rios interiores com base no algoritmo de correlação de fase //2019 Congresso Chinês de Automação (CAC). - IEEE, 2019. - C. 2047-2053.
245. Xiao Y. et al. Método de identificação de carga não intrusiva baseado no algoritmo KM melhorado //IEEE Access. - 2019. - T. 7. - C. 151368-151377.
246. Zhang H., Su S. Um algoritmo híbrido de otimização de coordenação multi-agente //Swarm and Evolutionary Computation. - 2019. - T. 51. - C. 100603.
247. Hippke M., Heller R. Algoritmo optimizado de deteção de trânsitos para procurar trânsitos periódicos de pequenos planetas //Astronomy & Astrophysics. - 2019. - T. 623. - C.
A39.
248. Lynchenko A., Sheshkus A., Arlazarov V. L. Algoritmo de reconhecimento

de imagens de documentos baseado na métrica de similaridade robusta a distorções projectivas para dispositivos móveis /Eleventh International Conference on Machine Vision (ICMV 2018). - Sociedade Internacional de Ótica e Fotónica, 2019. - T. 11041. - C. 110411K.

249. Xingyun Q., Shaobin C., Yanwei H. Um algoritmo para identificação de linhas costeiras de rios interiores com base no algoritmo de correlação de fase //2019 Congresso Chinês de Automação (CAC). - IEEE, 2019. - C. 2047-2053/

250. Xiao Y. et al. Método de identificação de carga não intrusiva baseado no algoritmo KM melhorado //IEEE Access. - 2019. - T. 7. - C. 151368-151377.

251. Rosenberg I.N., Tsvetkov V.Y. Aplicação de sistemas multiagentes em sistemas logísticos inteligentes. // Revista Internacional de Educação Experimental. - 2012. - №6. - c.107-109.

252. Rogov I. E. Aplicação de sistemas multiagentes na gestão transporte de uma megacidade // Ciência e tecnologia dos caminhos-de-ferro. - 2020. T.4. - 1(13). - c.26-36.

253. Zhang H., Su S. Um algoritmo híbrido de otimização de coordenação multi-agente //Swarm and Evolutionary Computation. - 2019. - T. 51. - C. 100603.

254. Ivannikov A. D. O problema das linguagens de informação e o estado atual da informática // Vestnik MSTU MIREA. - 2014. - № 4(5). - c.39-62.

255. Herold G., Kirshanova E., May A. On the asymptotic complexity of solving LWE //Designs, Codes and Cryptography. - 2018. - T. 86. - №. 1. - C. 5583

256. Sipser M. Introdução à Teoria da Computação, ser //Série Ciência da Computação. Curso Thomson de Tecnologia. - 2006.

257. Tsvctkov, V.Ya., Mordvinov, V.A. Abordagem à sistematização de algoritmos // Design Ontology. - 2018. - T. 7, №4(26). - C. 388-397.

258. Raev V.K. Modelos mitológicos como instrumento de investigação // Fórum Eslavo. -2020. - 3(29). -c.56-66.

259. Kudzh S.A., Tsvetkov V.Y. Análise Comparativa. Moscovo: MAKS Press, 2020. -144c.

260. Tsvetkov V.Ya. A proporcionalidade como fator qualitativo e cognitivo atitude // Fórum Eslavo. 2021, 2(32). C.244-250.

261. Tsvetkov V.Ya. Impacto da informação e interação // Fórum Eslavo. -2020. - 4(30). -c.144-151

262. Raev V.K. Proporcionalidade no domínio da informação // Eslavo Fórum. 2021, 3(33). C. 105-114

263. Bolbakov R. G. Proporcionalidade em geoinformática // Slavic Forum. 2022, 4(38). C. 456-465

264. Kuj S.A., Tsvetkov V.Y. Factores de complexidade cognitiva // ITNOU: Tecnologias de informação em ciência, educação e gestão. - 2018.- № 6 (10). - C.34-41.

265. Kuj S. A. Estimativa da complexidade cognitiva do grupo // Fórum Eslavo. - 2018. - 2(20). - c.36-43.
266. Kozlov A.V., Rogov I.E., Titov E.K., Tsvetkov V.Ya. Analiz complexidade dos componentes do programa // Fórum Eslavo. -2020. - 4(30). - c.410-419
267. Gospodinov S.G. Teoria dos sistemas complexos. - Saarbruken, 2023. -217 c.
268. Monakhov S.V., Savinykh V.P., Tsvetkov V.Ya. Methodology of Analysis and Design of Complex Information Systems. - Moscovo: Prosveshchenie, 2005. - 264c.
269. Tsvetkov V. Ya. Fundamentos da teoria dos sistemas complexos: Livro de texto. -
SPb.: Editora "Lan", 2019. - 152 c.
270. Tsvetkov V. Ya. Unidades de informação como elementos de modelos complexos // Pesquisa e prática em nanotecnologia. - 2014, № 1(1), p.57-64/
271. Ozhereleva T. A. Systematics for information units // Investigador Europeu. 2014, no. 11/1 (86), pp. 1894-1900.
272. Gallo G. Teoria do conflito, complexidade e abordagem de sistemas //Systems Research and Behavioral Science. - 2013. - T. 30. - №. 2. - C. 156-175.
273. Turner J. R., Baker R. M. Complexity theory: An overview with potential applications for the social sciences //Systems. - 2019. - T. 7. - №. 1. - C. 4.
274. Tsvetkov V.Ya. Fact-fixing and interpreting models // International Journal of Applied and Fundamental Research. - 2016. - №9-3. - c.487/
275. Savinykh V.P., Tsvetkov V.Y. Modelos de correção de factos //
Fórum Eslavo. -2019. - 3(25). - c.67-74.
276. Misra S., Akman I. Weighted class complexity: a measure of complexity for object oriented system // Journal of Information Science and Engineering. - 2008. - T. 24. - C. 1689-1708.
277. Zhao X., Feng Z. Tradução de raciocínio centralizado e sua complexidade computacional para mapeamentos semânticos heterogêneos // Conferência Internacional sobre Ciência do Conhecimento, Engenharia e Gestão. - Springer, Cham, 2019. - C. 314.
278. Papadimitriou C. H., Yannakakis M. On bounded rationality and computational complexity //Indiana University. - 1994.
279. Cobham, Alan (1965). "A dificuldade computacional intrínseca das funções". Proc. Lógica, Metodologia e Filosofia da Ciência II. Holanda do Norte - 1965.
280. Schrijver A. Combinatorial optimisation: polyhedra and efficiency. - Springer Science & Business Media, 2003. - T. 24.
281. Aaronson S. Um dilema não-exponencial. - 2009.

282. Impagliazzo R., Paturi R. On the complexity of k-SAT // Journal of Computer and System Sciences. - 2001. - T. 62. - №. 2. - C. 367-375.
283. Tsvetkov V. Ya. Aplicação da lógica temporal para atualizar construções de informação // Slavic Forum. -2015. - 1(7) - c.286-292.
284. Teslenko P. A. Conceção da informação e atributos da sua investigação //Problems of Technology. Revista científica e de produção-Odessa: ONMU. - 2008. - №. 3. - C. 22-31.
285. Lototsky V.L. Projectos de testes de informação // Perspectivas da ciência e da educação. - 2016. - №3. - c.32-37.
286. Melik-Gaikazyan I. V. Processos de informação e realidade. - M.: Nauka, 1997.
287. Pavlov A.I. Definições como construções lógicas // Eslavo Fórum. -2019. - 4(26). - c.95-102.
288. Tsvetkov V.Ya., Shaitura S.V., Minitaeva A.M., Feoktistova V.M., Kozhaev Yu.P., Belyu L.P. Metamodelagem no campo da informação // Amazonia Investiga. 2020. T. 9. № 25. C. 395-402/
289. Tsvetkov V.Y., Bulgakov S.V., Titov E.K., Rogov I.E. Metamodelação em geoinformática // Informação e Espaço. 2020. - №1. -c .112-119.
290. Ozherel'eva T. A. Metamodelação e morfismo da informação // Slavic Forum. 2021, 3(33). C.69-78.
291. Bolbakov R. G. Metamodelação na extração de conhecimentos //. Fórum Eslavo. 2021, 4(34). C.7-17.
292. Tsvetkov, V.Ya. Análise Sistémica Dicotómica. Life Science Journal 2014; - 11(6).- pp586-590.
293. Elsukov P. Yu. Relações paradigmáticas e sintagmáticas Na divisão dicotómica // Fórum Eslavo. - 2019. - №. 3. - C. 19-26.
294. Raev V. K. Método dicotómico de redução da incerteza da informação //Perspectivas da Ciência e da Educação. - 2017. - №. 2 (26).
295. Ozherel'eva T.A. Construções educativas da informação // Aprendizagem à distância e virtual. - 2016. - №5(107). -c31-38
296. Deshko I.P. Construção da informação: Monografia. - M.: MAX Press, 2016. - 64c. ISBN 978 -5-317-05244-7.
297. Mordvinov V. A., Bratus N. V., Kutuzov M. V. Construção semântica da informação e apoio metodológico das tecnologias educativas no ambiente instrumental do QR-coding // Slavic Forum. -2018. - 4 (22). - c.31-38.
298. Shaitura S.V. Modelação e construção // Eslavo Fórum. -2019. - 1(23). - c.68-79.
299. Tsvetkov V.Ya. Unidades de informação paralinguística na educação// Perspectivas da Ciência e da Educação. - 2013. - 4(4). - c.30-38.

300. Chekharin E.E. Interpretabilidade das unidades de informação // Fórum Eslavo. - 2014. - 2 (6). - c.151 -155.
301. Tsvetkov, V. Ya. Unidades de informação das mensagens // Investigação fundamental. - 2007. - №12-1. - c.99.
302. Rosenberg I.N., Tsvetkov V.Ya. Informações lógicas unidades // Revista Internacional de Pesquisa Aplicada e Fundamental - 2009. - № 4. - c.110- 111.
303. Kudzh S.A., Tsvetkov V.Ya. Educação informativa unidades // Aprendizagem a Distância e Virtual 2014. - №1(79). - c.24- 31.
304. Tsvetkov V.Ya. As unidades de informação como meio de construção do quadro mundial // International Journal of Applied and Fundamental Research. - 2014. - № 8 -4. - c. 36-40.
305. Oznamets V. V. Relações entre o natural e o artificial no domínio da informação // Perspectivas da Ciência e da Educação. - 2018. - №1(31). - c.16-22.
306. Tsvetkov, V. Ya. Modelo de visão de mundo como resultado da educação // Revista Mundial de Ciências Aplicadas. -2014. - 31 (2). - p211-215.
307. Tsvetkov V.Ya. Descrição informativa da imagem do mundo // Perspectivas da ciência e da educação. - 2014. - №5(11). - c.9-13.
308. Tsvetkov V.Ya. A imagem do mundo como paradigma educativo // Revista Europeia de Ciências Sociais. 2013. № 10-1 (37). - c. 28-34.
309. Butko E.Ya. Imagem pessoal do mundo como resultado da educação // Aprendizagem à distância e virtual. 2017. - № 1 (115). - c.87-94.
310. Tsvetkov V.Ya. Complementaridade dos recursos de informação // International Journal of Applied and Fundamental Research. - 2016. - №2. - c.182-185.
311. Tsvetkov V. Ya. Avaliação dicotómica das situações de informação e da superioridade da informação // Investigador europeu. 2014. № 11-1 (86). p.1901-1909.
312. Shaitura C.B. Situação da informação em geoinformática//. Recursos e tecnologias educativas. - 2016. - №5 (17). - c. 103-108.
313. Polyakov A.A., Tsvetkov V.Y. Informática Aplicada. Em 2 partes / Sob edição geral. A.N. Tikhonov - M.: MAKS Press. Vol. 1. 2008. -788 c.
314. Kovalenko N.P. Interação em sistemas informáticos espaço funcional // Perspectivas da Ciência e da Educação. - 2016. - №2. - c.12-16.
315. Nilsson, N.J., 1986, Probabilistic logic// Artificial Intelligence 28(1): 7187.
316. Josang, A., 2001, A logic for uncertain probabilities,// International Journal of Uncertainty, Fuzziness and Knowledge-Based Systems9(3):279-311/
317. Josang, A., 2008, " Conditional Reasoning with Subjective Logic , // Journal of Multiple-Valued Logic and Soft Computing , 15(1), pp.5-38, 2008.
318. Haenni, R, 2005, " Towards a Unifying Theory of Logical and Probabilistic

Reasoning // ISIPTA'05, 4th International Symposium on Imprecise Probabilities and Their Applications: 193-202.
319. Tsvetkov V. Ya. Unidades lógicas dos sistemas de informação // Eurupean Journal of Natural History. - 2009. - № 2. - p.99-100.
320. Tsvetkov, V.Ya. Aspectos ergonómicos do processamento de informação em sistemas de informação // Slavic Forum. - 2017. - 1(15). - c.95-103.
321. Mordvinov V. A. Necessidades de informação dos sistemas// Fórum Eslavo. - 2017. -4(18). - c.42-49.
322. Tsvetkov V.Ya. Aspectos ergonómicos do tratamento da informação no SIG // Geodesia e fotografia aérea 1999 № 3, p. 144-153
323. Pavlov A.I. Sistemas ergonómicos // Fórum Eslavo. -2019. - 1(23). - c.153-159.
324. Obolyayeva N.M. Abordagem sistémica da análise da qualidade Gestão da Educação: Teoria e Prática. - 2012. - № 3. - C. 101-105.
325. Aiello M., Pratt-Hartmann I., Van Benthem J. What is Spatial Logic? // Handbook of spatial logics. - Springer, Dordrecht, 2007. - p. 1-11
326. Rosenberg I. H., Tsvetkov V. Ya. Cognitivo e espacial lógica em centros de situação // Ciência e tecnologia dos caminhos-de-ferro. - 2019. - T.3. №2(10). - c.3 -16.
327. Tsvetkov V.Ya. Spatial logic in education and science // Recursos e tecnologias educativas. - 2019. - № 2 (27). - C. 92-102
328. Tsvetkov V.Ya. Conhecimento espacial e lógica espacial // ITNOU: Tecnologias da informação em ciência, educação e gestão. - 2019.- № 3 (13). - c. 17-26.
329. Tsvetkov V.Ya. Lógica espacial em geoinformática // Vetor GeoSciences. 2020. T. 3. № 2. C. 91-100
330. Kudzh S., Tsvetkov V. Conceitos de lógica espacial // Revista inclusions. Volumen 7. Numero Especial / Julio - Septiembre. 2020 pp. 837-849.
331. Moratz, R., & Ragni, M. Raciocínio espacial qualitativo sobre a posição relativa de um ponto. // Journal of Visual Languages & Computing, 2008, 19(1), 75-98
332. Tsvetkov V.Ya. Raciocínio espacial qualitativo: Monografia. - Moscovo: MAKS Press, 2017. - 60c.
333. Levin B. A., Rosenberg I. N., Tsvetkov V. Ya. Raciocínio lógico espacial no apoio à decisão // Railways Science and Technology. - 2018. - 4(8). - c.3 -16/
334. Talen E. A lógica espacial dos parques //Journal of Urban Design. - 2010. - V.15. - №. 4. - C. 473-491.
335. Caires L., Cardelli L. Uma lógica espacial para a concorrência (parte I) //Information and Computation. - 2003. - V.186. - №. 2. - C. 194-235.

336. Cardelli L., Gardner P., Ghelli G. Uma lógica espacial para a consulta de grafos //International Colloquium on Automata, Languages, and Programming. - Springer, Berlim, Heidelberg, 2002. - C. 597-610.

337. Del Bimbo A., Vicario E., Zingoni D. Uma lógica espacial para a descrição simbólica de conteúdos de imagens // Journal of Visual Languages & Computing. - 1994. - V.5. - №. 3. - C. 267-286.

338. Tsvetkov V. Ya. Georreferência como ferramenta de análise e obtenção de conhecimento // Ciências da Terra. - 2011. - №2. - c.63-65

339. Tsvetkov V.Y. Conhecimento espacial: formação e representação, Saarbrucken, 2013. -107 c.

340. Davis D. R., Dingel J. I. Uma economia do conhecimento espacial //American Economic Review. - 2019. - T. 109. - №. 1. - C. 153-170.

341. Gohar A., Nencioni G. O papel das tecnologias 5G numa cidade inteligente: o caso do sistema de transporte inteligente //Sustainability. - 2021. - T. 13. - №. 9. - C. 5188.

342. Tsvetkov V.Y., Rosenberg I.N. Sistemas de transporte inteligentes - Saarbrucken, 2012. - 297 c.

343. Kovalenko N.I. Extração de conhecimentos para intelectuais sistemas de transporte // Perspectivas da ciência e da educação - 2014. - №5. - c.4552.

344. Gohar A., Nencioni G. O papel das tecnologias 5G numa cidade inteligente: o caso do sistema de transporte inteligente //Sustainability. - 2021. - T. 13. - №. 9. - C. 5188.

345. Tsvetkov V.Ya. Gestão com recurso a sistemas ciber-físicos // Perspectivas da Ciência e da Educação. - 2017. - №3(27). - c.55-60

346. Zanero S. Sistemas ciber-físicos //Computador. - 2017. - T. 50. - №. 4. - C. 14-16.

347. Levin B.A., Tsvetkov V.Ya. Sistemas ciberfísicos na gestão dos transportes // Transport World. - 2018. T. 16. № 2 (75). - C. 138-145

348. Alguliyev R., Imamverdiyev Y., Sukhostat L. Cyber-physical systems and their security issues //Computers in Industry. - 2018. - T. 100. - C. 212-223.

349. Levin B.A., Tsvetkov V.Ya. Caminho de ferro digital: princípios e tecnologias // World of Transport. - 2018. - T. 16. - №3 (76). - c. 50-61.

350. V. Ya. Tsvetkov, S.V. Shaytura, K.V. Ordov. Gestão digital ferroviária // Avanços na investigação em economia, negócios e gestão, volume 105. 1ª Conferência Internacional Científica e Prática sobre Economia Digital (ISCDE 2019), p. 181- 185.

351. Tsvetkov V.Ya. Spatial relations in geoinformatics// Earth Sciences. - 2012. - №1. - c.59-61

352. Yip K., Zhao F. Agregação espacial: teoria e aplicações //Journal of

Artificial Intelligence Research. - 1996. - T. 5. - C. 1-26.

353. Bailey-Kellogg C., Zhao F. Raciocínio espacial qualitativo extraindo e raciocinando com agregados espaciais //AI Magazine. - 2003. - T. 24. - №. 4. - C. 47-47.

354. Del Bimbo A., Vicario E., Zingoni D. Uma lógica espacial para a descrição simbólica de conteúdos de imagens // Journal of Visual Languages & Computing. - 1994. - V.5. - №. 3. - C. 267-286

355. Kravets E. A. Lógica cartográfica (análise das questões do Estado e da proteção do ambiente): monografia - M.: Izd-vo MIIGAiK, 2010.160c

356. Lyutiy A.A. Linguagem cartográfica: essência, sistema, funções. - 2ª ed. - M.: GEOS, 2002. - 327 c/

357. Bertrand Russell. Vagueness. Em John Slater, editor (1923) , *Essays on Language, Mind, and Matter 1919-26,* The Collected Papers of Bertrand Russell, páginas 145 - 154. Unwin Hyman, Londres/

358. Kontchakov R. et al. Lógica espacial + lógica temporal=? //Handbook of spatial logics. - Springer, Dordrecht, 2007. - C. 497-564.

359. Tarski, Alfred (1956). Fundamentos da geometria dos sólidos. Em *Logic, Semantics, and Metamathematics*, páginas 24-29. Clarendon Press, Oxford

360. Markelov B.M. A informação espacial como fator de gestão // Conselheiro de Estado. - 2013. - №4. - c34-38.

361. Savinykh V.P., Tsvetkov V.Ya. Os geodados como um sistema recurso de informação // Boletim da Academia Russa de Ciências, 2014, Vol. 84, No. 9, pp. 826-829.

362. Ozherel'eva T.A. Análise sistémica da inovação espacial // Ozherel'eva T.A. Análise sistémica da inovação espacial // Revista Internacional de Pesquisa Aplicada e Fundamental. - 2013, - №12 - c.116-120.

363. Tsvetkov V. Ya. Informatização, processos de inovação e tecnologias de geoinformação // Izvestiya vysshee obrazovaniya vysshee obrazovaniya. Geodesia e fotografia aérea - 2006. - №4. - c.112-118

364. Tsvetkov V. Y., Omelchenko A.. S. Inovação e inovação processo como um sistema complexo // Qualidade, Inovações, Educação. - 2006. - №2. - c.11- 14

365. Rosenberg I.N., Soloviev I.V., Tsvetkov V.Ya. Complexo inovações na gestão de sistemas organizacionais e técnicos complexos. / editado por V.I. Yakunin - M.: Feoria, 2010 - 248 p.

366. Matchin V.T. Atualização de bases de dados com dados espaciais informação // Fórum Eslavo, 2015. - 3(9) - c.173-180

367. Tsvetkov V.Ya. Actualizações da informação espacial // Recursos e tecnologias educativas. - 2015. - №3 (11). - c.110 -116/

368. V. Ya. Tsvetkov. Economia das relações espaciais // Revista Europeia de Estudos Económicos, 2013, n.º 1(3). - p.57-60
369. Lototsky V.L. Modelação da informação espacial // Recursos e tecnologias educativas. - 2016. - 3 (15). - c.114-122.
370. Gospodinov, S.G. Digital spatial modelling (em russo) // Ciências da Terra. - 2019. - №3. - c.4-15.
371. Bolbakov R. G. G. G., Popov K. S. Processamento de alto desempenho de informações espaciais de grandes volumes e fluxos // Recursos e tecnologias educacionais - 2020. - № 3 (32). - C. 80-88.
372. Buravtsev A.V., Tsvetkov V.Ya. Cloud computing for big dados geoespaciais // Informação e espaço. 2019. - №3. -c .110-115
373. Levin B.A., Tsvetkov V.Ya. Processos de informação no espaço de "big data" // World of Transport. 2017. - T.15, №6(73). - c.20-30.
374. Tsvetkov V. Ya. As coordenadas inteiras como um instrumento nanotecnológico
Instrumento // Investigação e prática em nanotecnologia. - 2014, 4(4), pp. 230-236.
375. Chekharin E.E. Algoritmos para interpretação de dados de deteção remota sondagem. // Fórum Eslavo, 2015. - 3(9) - c.301-308.
376. Ryabtseva N. K., Kotov R. G. Processos de informação e aprendizagem automática. G. Processos de informação e aprendizagem automática
tradução: aspeto linguístico. - Nauka, 1986.
377. Tsvetkov V. Ya. A Modelação Cognitiva com a Utilização de Informação Espacial // European Journal of Technology and Design. - 2015, 4 (10), pp. 149158.
378. Kipyatkova I. S., Karpov A. A. Processamento automático e
análise estatística do corpus de textos noticiosos para o modelo linguístico do sistema de reconhecimento de fala russo //Information and control systems. - 2010. - №. 4.
379. Artstein R., Poesio M. Acordo entre codificadores para linguística computacional //Computational Linguistics. - 2008. - V. 34. - №. 4. - p.555-596
380. Ermakov A.E., Pleshko V.V. Interpretação semântica em
sistemas de análise de texto por computador // Tecnologias da informação. - 2009. - N 6. - C. 2-7.
381. Tsvetkov V.Ya. Solução da serifa fotogramétrica inversa em condições adicionais// Izvestiya vysshee obrazovaniya vysshee obrazovaniya [Izvestia de Instituições de Ensino Superior]. Geodesia e fotografia aérea. 1998- №2 c. 94-98.
382. Dyshlenko, S.G. Problema espacial direto e inverso (em russo) //
Fórum Eslavo. - 2017. - 1(15). - c.210-217
383. Dyshlenko S.G. Problemas espaciais - Saarbruken, 2019. -110
c.

384. Tsvetkov V. Ya. O problema do perigo Asteroide-Cometa // Russian Journal of Astrophysical Research. Série A. 2016, 1 (2), pp. 33-40/
385. Titov E.K.. Algoritmos de processamento de informação situacional // Fórum Eslavo. -2018. - 4 (22). - c.60-64.
386. Titov E.K. Métodos e algoritmos de cálculos situacionais - Saarbruken, 2020. -225c/
387. Tsvetkov V.Ya., Titov E.K. Informática
situação // Fórum Eslavo. -2019. - 4(26). - c.389-397.
388. Oznamets V.V. Processamento de imagens de BILA utilizando projeção algoritmos // Ciências da Terra. - 2019. - №3. - c. 16-25.
389. Efimov A. I. et al. Processamento de imagem em ambiente multiespectral sistemas de visão // Vestnik da Universidade Estatal Rádio-Técnica de Ryazan. - 2017. - №. 60. - C. 83.
390. Prokhorenok N. A. OpenCV e Java. Processamento de imagens e
Visão computacional. - BHV-Peterburgo, 2018.
391. Tomakova R. A., Petrik E. A. Métodos e algoritmos de digitalização processamento de imagem. - 2020/

More Books!

yes

I want morebooks!

Buy your books fast and straightforward online - at one of world's fastest growing online book stores! Environmentally sound due to Print-on-Demand technologies.

Buy your books online at
www.morebooks.shop

Compre os seus livros mais rápido e diretamente na internet, em uma das livrarias on-line com o maior crescimento no mundo! Produção que protege o meio ambiente através das tecnologias de impressão sob demanda.

Compre os seus livros on-line em
www.morebooks.shop

info@omniscriptum.com
www.omniscriptum.com

OMNIScriptum

MIX
Papier aus verantwortungsvollen Quellen
Paper from responsible sources
FSC® C105338

FSC
www.fsc.org

Printed by Books on Demand GmbH, Norderstedt / Germany